日英対訳

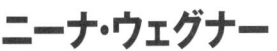

世界を変えた男たちのスピーチ

ニーナ・ウェグナー

訳：北村 みちよ

背景解説：山久瀬 洋二

英語解説：出水田 隆文

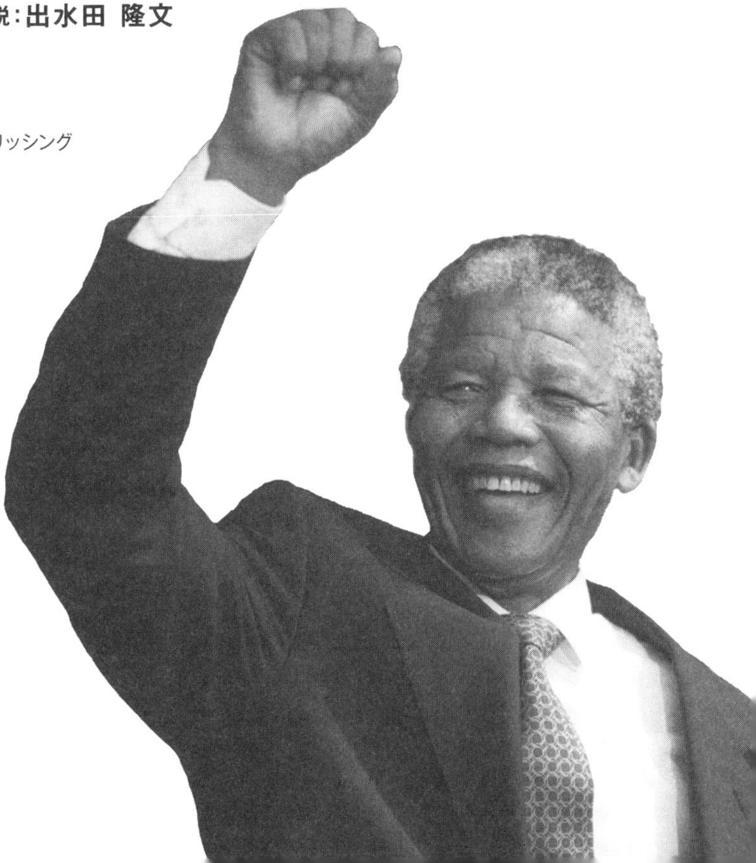

IBCパブリッシング

装　　幀 = 石浜 寿根
カバー写真 = ZUMAPRESS／アフロ
本文写真 = 共同通信社、Newscom／アフロ、Yuryi Abramochkin、christopher
ナレーション = Peter von Gomm

はじめに

　本書は、『世界を変えた女性のことば』の姉妹編です。
　『世界を変えた女性のことば』では、近世になって男女の平等が語られるようになった流れの中で、それを象徴するような女性を取り上げました。
　今回、男性を取り上げるにあたっては、そうした平等な社会そのものをつくり上げるために活動した人々を取り上げました。世界を変えてきた英雄、そして偉人は古今東西多くいます。戦乱の世を統一した豊臣秀吉。フランス革命後、フランスを強国に仕立て上げヨーロッパを席巻させたナポレオン。あるいは、マケドニアからインドの一部までを自らの帝国に取り込み、東西の文化を融合させたアレキサンダー大王など、偉人として歴史に名を残した人は山ほどいます。
　しかし、今回取り上げた人々には、こうした歴史のロマンをかき立てるようなスケール感はありません。むしろ、これらの英雄とは全く異なる形で世界を変えた人々を取り上げました。
　例えばミハイル・ゴルバチョフは、自らがリードする国家を終焉させました。そしてダライ・ラマ14世は、自らが元首であった国家を追われ、今なお復帰できず亡命が続いています。しかし、ゴルバチョフはその結果、ソ連という言論を統制し、ひとつのイデオロギーで縛りつける国家から人々を解放しました。そして、ダライ・ラマ14世は、その活動を通して国家に抑圧され、故郷を追われた人々の精神的なよりどころとなりました。
　このように、本書で取り上げた人々は、武器や権力の行使によって、国家を変革したのではなく、彼らの理想によって、より多くの人々に生きる場所を与え、社会の変革を通して、人々が平等で自由な

社会の中で、自らを活かすための場を提供していったのです。奴隷を解放し、差別という鎖から人々を解き放ち、さらに腕力による戦いを拒否しながら自らの国家を独立へと導いた指導者の足跡は、それがいばらの道であればあるほど、読者に勇気や知恵を与えます。

　では、英語で彼らの足跡を学ぶことにはどのような意味があるのでしょうか。それは、英語を通して人々がコミュニケーションを促進させてゆく現代にあって、ここに取り上げられた人々の考え方や制度が、現代を生きる上での最も大切な常識として語られているからです。

　たとえば、キング牧師が唱えた黒人の地位向上への思いは、「平等」という思想を通し、現代のほとんどの国家にとっての最も基本的な価値観へと成長しています。従って、彼らのスピーチを聞き、キーワードを理解し、それを自らの知識として英語で取り込めば、国際人として活躍し、海外の人々と働いてゆくうえでの教養となってゆくに違いありません。リンカーンのゲティスバーグの演説、キング牧師の「私には夢がある」という一節など、現代人にとっての教養でもある名台詞は、そのまま覚えることで、会話やあなた自身のスピーチの場でも活用することができるはずです。

　本書は、そうした視点にたって、現代社会の常識をつくり上げてきた人々の名スピーチを、英語を学習する人々にお届けします。彼らの語る英語は時には極めて平易です。であればこそ、時を超えて全ての人の心に訴えてくるのです。英語学習のプロセスを通して、現代社会の土台を築き上げてきた、6名の「偉人」の足跡と、その思想の意味するところに触れていただければ幸いです。

2014年　山久瀬　洋二

本書の使い方

　本書では世界を変えた男たち6人のスピーチを取り上げ、それぞれ以下の4項目で構成しています。

1) 6人によるスピーチやインタビューからの抜粋（原文と日本語訳）
2) 英日対訳によるスピーカーの生い立ちや背景の説明
3) 注意すべき英単語、役立つ英語表現の解説（出水田隆文）
4) スピーチの文化背景や歴史、その国の政治の解説（山久瀬洋二）

　付属のCDには、それぞれのスピーチの抜粋（原文の明らかな英語的な間違いはただしてありますが、極力、原文の雰囲気を残してあります）を英語のネイティブスピーカーが読み上げたものが収録されています。本文を読み、スピーチの背景や、話し手の気持ちが理解できたら、このCDを何度も繰り返し声に出して練習してください。声に出すことで、スピーチそのものの味わいや奥深さをとらえることができ、「英語を感じ、英語で考える」力がつきます。本書を徹底的に使って、英語スピーチの実践練習に取り組んでみてください。

目 次

9 **Nelson Mandela,**
President of South Africa from 1994 to 1999

ネルソン・マンデラ　南アフリカ共和国大統領

51 **Mohandas Karamchand Gandhi,**
Leader of Indian Nationalist Movement

モーハンダース・カラムチャンド・ガンディー　インド民族主義運動の指導者

75 **Martin Luther King, Jr.,**
Leader of the American Civil Rights Movement

マーティン・ルーサー・キング・ジュニア　アメリカ公民権運動の指導者

103 **Tenzin Gyatso,**
His Holiness the Fourteenth Dalai Lama

テンジン・ギャツォ　ダライ・ラマ法王14世

129 **Mikhail Gorbachev,**
President of the Soviet Union from 1990 to 1991

ミハイル・ゴルバチョフ　ソビエト連邦大統領

153 **Abraham Lincoln,**
16th President of the United States

エイブラハム・リンカーン　アメリカ合衆国16代大統領

Nelson Mandela,
President of South Africa from 1994 to 1999

ネルソン・マンデラ
南アフリカ共和国大統領

Excerpts from Nelson Mandela's "An Ideal for which I am Prepared to Die"

from the dock on the opening of his trial for sabotage at the Supreme Court of South Africa, Pretoria, April 20, 1964

I have done whatever I did because of my experience in South Africa and my own proudly felt African background, and not because of what any outsider might have said. In my youth in the Transkei I listened to the elders of my tribe telling stories of the old days. Amongst the tales they related to me were those of wars fought by our ancestors in defence of the fatherland. The names of Dingane and Bambata, Hintsa and Makana, Squngthi and Dalasile, Moshoeshoe and Sekhukhuni, were praised as the glory of the entire African nation. I hoped then that life might offer me the opportunity to serve my people and make my own humble contribution to their freedom struggle.

ネルソン・マンデラの「理想のためには死ぬ覚悟ができている」スピーチからの抜粋

1964年4月20日、プレトリアの南アフリカ最高裁判所における、破壊行為に関する審理の冒頭で被告人席から

　私は何をやるにしても、部外者が言ったであろうことのためではなく、南アフリカでのわが経験と、誇りに思っているアフリカ出身者としての自らの生い立ちのためにしてきました。トランスカイで過ごした若いころ、部族の長老たちから昔話を聞いたものです。その中には、祖国を守るために祖先が行った戦争の話がいくつかありました。ディンガネやバンバータ、ヒンツァやマカナ、スカンティやダラジール、モショエショエやセククニといった名前は、アフリカ国民全体の誇りとして称えられました。そのとき私は思いました。将来、国民に仕え、自由を求める戦いにささやかでも貢献する機会があったらいいのにと。

WORDS & PHRASES

■tribe 名部族　■ancestor 名祖先

Excerpts from Nelson Mandela's "An Ideal for which I am Prepared to Die" from the dock on the opening of his trial for sabotage at the Supreme Court of South Africa, Pretoria, April 20, 1964

TRACK 1-2

The African National Congress was formed in 1912 to defend the rights of the African people, which had been seriously curtailed. For 37 years—that is, until 1949—it adhered strictly to a constitutional struggle. But white governments remained unmoved, and the rights of Africans became less instead of becoming greater. Even after 1949, the ANC remained determined to avoid violence. At this time, however, the decision was taken to protest against apartheid by peaceful, but unlawful, demonstrations. More than 8,500 people went to jail. Yet there was not a single instance of violence. I and 19 colleagues were convicted for organizing the campaign, but our sentences were suspended mainly because the judge found that discipline and non-violence had been stressed throughout.

ネルソン・マンデラ

　アフリカ民族会議は、著しく制限されてきたアフリカ人の権利を守るために1912年に結成されました。それから37年間、つまり1949年までは断固として憲法闘争を支持し続けました。ところが白人政権は何ら態度を変えず、アフリカ人の権利は強くなるどころか、弱まっていきました。1949年以降になっても、アフリカ民族会議は暴力を回避するつもりでいました。しかしこの際に、平和的ではあるものの非合法のデモによって、アパルトヘイトに抗議しようと決定が下されたのです。そこで8500人以上の人たちが投獄されましたが、暴力が使われた例はひとつたりともありませんでした。私と19人の同志は、運動を組織したことで有罪判決を受けたものの、刑の執行は猶予されました。その主な理由は、規律と非暴力が終始重んじられたと判事が理解してくださったからです。

WORDS & PHRASES

■curtailed 形縮小した　■adhere 動支持する　■unlawful 形非合法の　■stress 動〜を重視する

Excerpts from Nelson Mandela's "An Ideal for which I am Prepared to Die" from the dock on the opening of his trial for sabotage at the Supreme Court of South Africa, Pretoria, April 20, 1964

I have always regarded myself, in the first place, as an African patriot. Today I am attracted by the idea of a classless society, an attraction which springs in part from Marxist reading and, in part, from my admiration of the structure of early African societies. The land belonged to the tribe. There were no rich or poor and there was no exploitation. We all accept the need for some form of socialism to enable our people to catch up with the advanced countries of this world and to overcome their legacy of extreme poverty. But this does not mean we are Marxists.

ネルソン・マンデラ

　私は常に自分のことを第一にアフリカの愛国者だと思ってきました。今日では、階級なき社会という観念に惹かれています。それというのも、ひとつにはマルクス主義の読み物に影響を受けたためで、またひとつには、初期のアフリカ社会の構造を称賛するようになったからです。この国土は部族のものでした。金持ちも貧乏人もいませんでしたし、搾取も存在しませんでした。わが国民がこの世界の先進国に追いつき、極度の貧困という負の遺産に打ち勝つには、ある種の社会主義が必要であることをわれわれはみな認めています。だからといって、われわれがマルクス主義者であるわけではありません。

WORDS & PHRASES

■in the first place 第一に　■spring 動〜から生じる　■in part ひとつには
■exploitation 名搾取　■legacy 名遺産

Excerpts from Nelson Mandela's "An Ideal for which I am Prepared to Die" from the dock on the opening of his trial for sabotage at the Supreme Court of South Africa, Pretoria, April 20, 1964

Our fight is against real, and not imaginary, hardships or, to use the language of the state prosecutor, "so-called hardships." Basically, we fight against two features which are the hallmarks of African life in South Africa and which are entrenched by legislation. These features are poverty and lack of human dignity, and we do not need communists or so-called "agitators" to teach us about these things. [1]South Africa is the richest country in Africa, and could be one of the richest countries in the world. But it is a land of remarkable contrasts. The whites enjoy what may be the highest standard of living in the world, whilst Africans live in poverty and misery.

(1) →see page 46

ネルソン・マンデラ

　われわれは、架空のではなく、現実の困難、すなわち州検事の言葉を借りるなら、「いわゆる困難」に対して戦っています。基本的には、南アフリカにおけるアフリカ人生活を象徴し、立法によって確立した特徴2つに対して戦っています。この特徴とは、貧困と、人間の尊厳の欠如でありますが、こうしたことを教わるのに共産主義者や、「扇動者」といった者を必要としません。南アフリカはアフリカでもっとも資源の豊かな国でありますし、世界屈指の豊かな国ですらあるでしょう。けれども貧富の差は激しく、白人は世界最高水準の生活であろうものを享受している一方で、アフリカ人たちは困窮生活を送っているのです。

WORDS & PHRASES

■prosecutor 名検事　■so-called 形いわゆる　■hallmark 名特徴　■entrench 動～を定着させる　■whilst 接しかし一方《＝while》

Excerpts from Nelson Mandela's "An Ideal for which I am Prepared to Die" from the dock on the opening of his trial for sabotage at the Supreme Court of South Africa, Pretoria, April 20, 1964

The lack of human dignity experienced by Africans is the direct result of the policy of white supremacy. White supremacy implies black inferiority. Legislation designed to preserve white supremacy entrenches this notion. Menial tasks in South Africa are invariably performed by Africans.

When anything has to be carried or cleaned the white man will look around for an African to do it for him, whether the African is employed by him or not. Because of this sort of attitude, whites tend to regard Africans as a separate breed. They do not look upon them as people with families of their own; they do not realize that they have emotions—that they fall in love like white people do; that they want to be with their wives and children like white people want to be with theirs; that they want to earn enough money to support their families properly, to feed and clothe them and send them to school. And what "house-boy" or "garden-boy" or laborer can ever hope to do this?

アフリカ人たちが被ってきた人間の尊厳の欠如は、白人優越主義政策から生じた必然的な結果です。白人優越主義は黒人が劣っていることを意味しており、その主義を守ることを目的とした立法によって、この概念は定着しています。南アフリカの下賤な仕事は、アフリカ人がこなすのが常です。

何かが運ばれたり、片づけられたりする必要があるなら、白人はそれをやってくれるアフリカ人がいないか、あたりを見まわすでしょう。そのアフリカ人が自分の使用人であるか否かに関わらずです。こうした態度を取るために、白人はアフリカ人を別の人種だと思いがちです。アフリカ人が家族のいる人間だとは考えませんし、感情があると思ってもいません。白人のように誰かに恋することがあるとか、白人のように妻子と一緒にいたいと思っているとか、家族をきちんと養う、つまり、食べ物や衣服を与え、子供を学校に通わせるお金を稼ぎたがっているなどとは考えもしません。そもそも、「下男」や「庭男」や労働者が、こうしたことをかなえるために何を望めるというのでしょう？

WORDS & PHRASES

■supremacy 图優位　■inferiority 图劣っていること　■menial 形下賤な
■invariably 副常に　■look upon ~ as ～を…と見なす

Excerpts from Nelson Mandela's "An Ideal for which I am Prepared to Die" from the dock on the opening of his trial for sabotage at the Supreme Court of South Africa, Pretoria, April 20, 1964

African men want to have their wives and children to live with them where they work, and not be forced into an unnatural existence in men's hostels. African women want to be with their menfolk and not be left permanently widowed in the reserves. Africans want to be allowed out after 11 o'clock at night and not to be confined to their rooms like little children. Africans want to be allowed to travel in their own country and to seek work where they want to and not where the labour bureau tells them to. Africans want a just share in the whole of South Africa; they want security and a stake in society.

Above all, we want equal political rights, because without them our disabilities will be permanent.

ネルソン・マンデラ

　アフリカ人男性は自分の働く土地で妻子と一緒に暮らしたいのであって、男性用宿泊所での異常な生活を強いられたくありません。アフリカ人女性は男性と一緒にいたいのであって、原住民指定地で永遠に夫を奪われたままでいたくありません。アフリカ人は夜の11時以降に外出ができることを望んでいるのであって、幼い子供のように部屋に閉じ込められたくありません。国内を自由に移動し、労働局から指定された所ではなく、自分の好きな所で職探しができることを望んでいます。南アフリカ全体を公平に分かち合い、社会において安定と役割が得られることを望んでいます。

　そして何よりも、われわれは平等な市民権を求めています。それなくしては今後もずっと法的に無力なままだからです。

WORDS & PHRASES

■menfolk 名(ある社会集団の)男たち　■widow 形夫を亡くした　■reserve 名指定地　■confine 動～を閉じ込める　■bureau 名局　■stake 名関わり合い

Excerpts from Nelson Mandela's "An Ideal for which I am Prepared to Die" from the dock on the opening of his trial for sabotage at the Supreme Court of South Africa, Pretoria, April 20, 1964

This then is what the ANC is fighting. Their struggle is a truly national one. It is a struggle of the African people, inspired by their own suffering and their own experience. It is a struggle for the right to live. During my lifetime I have dedicated myself to this struggle of the African people. I have fought against white domination, and I have fought against black domination. I have cherished the ideal of a democratic and free society in which all persons live together in harmony and with equal opportunities. It is an ideal which I hope to live for and to achieve. But if needs be, (2)it is an ideal for which I am prepared to die.

(2) →see page 46

ネルソン・マンデラ

　まさにこのためにアフリカ民族会議は戦っているのです。彼らの奮闘は実に全国に広がっています。それは、自身の苦労や体験から生まれたアフリカ人たちの戦いであり、生存権を求める戦いです。私は生涯を通じてこうしたアフリカ人の戦いにわが身を捧げてきました。白人支配とも、黒人支配とも戦ってきました。すべての人たちが仲良く、平等な機会の下で暮らせる、民主的で自由な社会という理想を抱いてきました。その理想こそ、私が生きたいと思う理由であり、達成させたいと願っているものです。けれども必要とあらば、その理想のためには死ぬ覚悟ができています。

WORDS & PHRASES

■dedicate 動 〜を捧げる　■domination 名 支配　■cherish 動（希望などを）抱く

Excerpts from Nelson Mandela's Inaugural Speech,
Pretoria, May 10, 1994

Today, all of us do, by our presence here, and by our celebrations in other parts of our country and the world, confer glory and hope to newborn liberty.

Out of the experience of an extraordinary human disaster that lasted too long, must be born a society of which all humanity will be proud. Our daily deeds as ordinary South Africans must produce an actual South African reality that will reinforce humanity's belief in justice, strengthen its confidence in the nobility of the human soul and sustain all our hopes for a glorious life for all.

All this we owe both to ourselves and to the peoples of the world who are so well represented here today.

ネルソン・マンデラの
大統領就任演説からの抜粋

1994年5月10日、プレトリアにて

　本日、われわれは皆、ここに集うことによって、また、国内の他の地域や世界各地で祝うことによって、生まれたての自由に栄光と希望を授けます。

　あまりにも長く続いた異常な人的災害の経験を生かして、われわれは、全人類が誇らしく思える社会を作り出さなくてはなりません。平凡な南アフリカ人としての日々の行いを通じて、南アフリカが実際に、正義に対する人間の信頼を高め、人間の魂の高貴さに対する自信を深め、輝かしい生活への希望をずっと持ち続けていける国となるように努めなければなりません。

　われわれは、自身のために、今日ここに代表で臨席していらっしゃる世界中の方々のために、このすべてをやり遂げる義務があるのです。

WORDS & PHRASES

■last 動続く　■reinforce 動〜を強化する　■nobility 名気高さ　■sustain 動〜を持続する　■owe 動（義務などを）負っている　■represent 動〜の公式な代表を務める

Excerpts from Nelson Mandela's Inaugural Speech, Pretoria, May 10, 1994

To my compatriots, I have no hesitation in saying that each one of us is as intimately attached to the soil of this beautiful country as are the famous jacaranda trees of Pretoria and the mimosa trees of the bushveld. Each time one of us touches the soil of this land, we feel a sense of personal renewal. The national mood changes as the seasons change. We are moved by a sense of joy and exhilaration when the grass turns green and the flowers bloom. That spiritual and physical oneness we all share with this common homeland explains the depth of the pain we all carried in our hearts as we saw our country tear itself apart in a terrible conflict, and as we saw it spurned, outlawed and isolated by the peoples of the world, precisely because it has become the universal base of the pernicious ideology and practice of racism and racial oppression.

ネルソン・マンデラ

　わが国の皆さんにこう公言してはばかりません。名高いプレトリアのジャカランダの木々や、草原地帯のミモザの木々と同じように、われわれ一人ひとりは、この美しい国土に深く根付いているのだと。われわれは、この国の土に触れるたびに、自らが再生されたと感じます。季節が変わるにつれて国民の気分も変わります。草が青々とし、花が咲くと、われわれは喜びにあふれ、心が浮き立ちます。今こうして母国を共有して精神的・肉体的一体感を覚えてみると、悲惨な対立の中でわが国が分裂し、世界中の人たちから軽蔑され、追放され、疎外されているのを目の当たりにして、皆がいかに深い心の痛みを抱いていたがわかります。なにしろ、わが国は、有害なイデオロギー上でも、実践上でも、人種的な差別・抑圧の普遍的な基盤になってしまっていたのですから。

WORDS & PHRASES

■compatriot 名同国人　■bushveld 名草原地帯　■renewal 名再生
■exhilaration 名ウキウキした気分　■oneness 名一体感　■spurn 動拒絶する
■pernicious 形有害な　■racism 名人種差別　■oppression 名抑圧

Excerpts from Nelson Mandela's Inaugural Speech,
Pretoria, May 10, 1994

We, the people of South Africa, feel fulfilled that humanity has taken us back into its bosom, that we, who were outlaws not so long ago, have today been given the rare privilege to be host to the nations of the world on our own soil. We thank all our distinguished international guests for having come to take possession with the people of our country of what is, after all, a common victory for justice, for peace, for human dignity. We trust that you will continue to stand by us as we tackle the challenges of building peace, prosperity, non-sexism, non-racialism and democracy.

We understand it still that there is no easy road to freedom.

We know it well that (3)none of us acting alone can achieve success.

We must therefore act together as a united people, for national reconciliation, for nation building, for the birth of a new world.

(3) → see page 47

ネルソン・マンデラ

　われわれ南アフリカの国民は、人類がその懐に戻してくれたことに、そして、ほんの最近まで社会から葬られていたわれわれが、今日こうして、わが国土で世界の国々へのホストを務める貴重な特権を与えられたことに満足感を覚えています。各国の来賓の皆さまが、正義と平和と人間の尊厳にとって、結局は人間全体に共通の勝利となるものを、わが国民と分かち合うためにお越しくださったことに感謝いたします。われわれは、平和、繁栄、性差別や人種差別とは無縁の社会、そして民主主義を築く難題に取り組んでいきますが、今後も皆さんが支援し続けてくださるものと信じております。

　それでも自由への楽な道などないとわれわれはわかっています。

　単独で行動する者は成功を収められないとよくわかっています。

　ですから統一民族としてわれわれは、国民和解、国家建築、新しい世界の誕生に向けて、一致団結して行動しなければなりません。

WORDS & PHRASES

■bosom 名懐　■privilege 名特権　■distinguished 形著名な
■reconciliation 名和解

Excerpts from Nelson Mandela's Inaugural Speech, Pretoria, May 10, 1994

Let there be justice for all.

Let there be peace for all.

Let there be work, bread, water and salt for all.

Let each know that for each the body, the mind and the soul have been freed to fulfill themselves.

Never, never and never again shall it be that this beautiful land will again experience the oppression of one by another and suffer the indignity of being the skunk of the world.

Let freedom reign.

The sun shall never set on so glorious a human achievement!

God bless Africa!

ネルソン・マンデラ

　すべての人に正義をもたらしましょう。

　すべての人に平和をもたらしましょう。

　すべての人が仕事、パン、水、塩に恵まれるようにしましょう。

　おのおのが、体ばかりか、それに見合うくらい心も魂も解放されたと思えるようにしましょう。

　この美しい国で、一部の国民が他の国民から抑圧されたり、われわれが世界から鼻つまみにされる辱めを受けたりすることが二度と絶対にないようにしましょう。

　自由が広く行き渡るようにしましょう。

　これほど輝かしい人類の業績に太陽が沈むことは二度とありません！

　アフリカに神のご加護がありますように！

WORDS & PHRASES

■indignity 名侮辱、冷遇　■skunk 名(スカンクのような)嫌われ者　■reign 動行き渡る

Nelson Mandela
President of South Africa from 1994 to 1999
Born July 18, 1918, in Mvezo, South Africa
Died December 5, 2013, in Johannesburg, South Africa

Nelson Mandela is considered the greatest African leader of the twentieth century. Lovingly nicknamed "Madiba" by his supporters, Mandela freed the nation of South Africa from the racist system of apartheid. After spending twenty-seven years in prison for his political beliefs, he became the first black president of South Africa and spent the next ten years of his life bringing a peaceful end to apartheid. The significance of his work and the great sacrifices of his life have touched and inspired people all around the world. Nelson Mandela's achievement is widely considered one of Africa's greatest steps forward in modern history.

Nelson Mandela was born Rolihlahla Mandela on July 18, 1918. His parents belonged to the Thembu people, a royal family in South Africa. His father held a very high-status position as the main advisor to the Thembu king. The Mandelas also belonged to the Madiba clan, who were descendants from regional chiefs and kings. Mandela's nickname "Madiba," which

ネルソン・マンデラ

> ショートバイオ

南アフリカ共和国大統領
（1994–1999）

1918年7月18日、南アフリカのムベゾに生まれる。
2013年12月5日、南アフリカのヨハネスブルグで逝去。

　ネルソン・マンデラは、20世紀でもっとも偉大なアフリカの指導者だと考えられている。支持者からは親しみを込めて、マディバという愛称で呼ばれている。マンデラは、アパルトヘイトという人種差別制度から南アフリカ共和国を解放した。その政治的信条のために刑務所で27年過ごした後、南アフリカ初の黒人大統領となり、それからの10年間をアパルトヘイトの平和的終結に捧げた。マンデラが意義深い活動を行い、自らの人生を大いに犠牲にしたことに、世界中の人々が心打たれ、感銘を受けた。ネルソン・マンデラの偉業は、アフリカの現代史上、もっとも大きな前進のひとつだと広く認められている。

　ネルソン・マンデラは、1918年7月18日、ホリシャシャ・マンデラとして生まれた。両親は、南アフリカの王族であるテンブ族の一員だった。父親はテンブ王の主要な相談役としてきわめて高い地位に就いていた。マンデラ一家は、地域の首長や王の末裔であるマディバ氏族にも属していた。マンデラの愛称、「マディバ」は、偉

WORDS & PHRASES

■sacrifice 图犠牲　■touch 動〜を感動させる　■clan 图氏族　■descendant 图末裔

is used to address great men, comes from the name of this clan.

In accordance with the African tradition of having multiple wives, Mandela's father had thirteen children among four wives. Mandela lived with his mother and two sisters in Qunu village. He grew up herding cattle, but when he was seven years old, his mother enrolled him at a Methodist school. His teacher gave him the "Christian" name of Nelson, which was the custom for South African schoolboys at the time. From then on, Rolihlahla Mandela became Nelson Mandela.

When Mandela was only twelve years old, his father died. To give her son a better life, Mandela's mother brought him to the palace of Jongintaba, the king of the Thembu people, in Mqhekezweni. It was here that Mandela spent the rest of his childhood. At Mqhekezweni, Mandela heard the tribal elders talk about the old ways and of the wars of resistance against white domination. Mandela became fascinated with African history and felt inspired to become a great warrior and leader himself.

As a young man, Nelson Mandela attended the University College of Fort Hare, but he was kicked out of school for leading a student protest. So, Mandela headed to Johannesburg, the largest city in South Africa, to carve out his future.

ネルソン・マンデラ

大な男たちの呼び名として用いられるが、この氏族の名前にちなんでいる。

　複数の妻を持つアフリカの伝統に従って、マンデラの父親は4人の妻とのあいだに13人の子供をもうけた。マンデラはクヌ村で母親と2人の姉妹とともに暮らした。牛の世話をしながら育ったが、7歳になると、母親の勧めでメソジスト派の学校に入学した。その学校の教師からは、ネルソンという「クリスチャン」ネームを授けられた。それが当時は南アフリカの男子生徒の習慣だったのだ。以降、ホリシャシャ・マンデラはネルソン・マンデラとなった。

　マンデラがほんの12歳のとき、父親はこの世を去った。よりよい生活を送らせてあげようと、マンデラの母親は息子を、ムケケズウェニ村に住むテンブ族の最高指導者、ジョンギンタバの邸宅に送り込んだ。ここでマンデラは幼年時代の残りを過ごすことになった。ムケケズウェニ村で、マンデラは部族の長老たちから古いしきたりや、白人支配に対する反乱について話を聞いた。そこでアフリカの歴史に魅了され、自分も偉大な戦士かつ指導者になりたいと思った。

　青年になると、ネルソン・マンデラはフォートヘア大学に通ったが、学生による抗議行動を指導したことで退学させられた。そこで自らの未来を切り開こうと、南アフリカ最大の都市、ヨハネスブルグに向かった。

WORDS & PHRASES

■address 動（人を～と）呼ぶ　■in accordance with ～に従って　■multiple 形複数の　■cattle 名畜牛　■carve out 切り開く

It was the year 1941, and Johannesburg was full of activity, as well as political unrest. Mandela got a job as a security guard at a mine and met Walter Sisulu, an activist and member of the African National Congress (ANC). This organization advocated the rights of black South Africans, and it would later become the governing political party of South Africa under Mandela's leadership.

In Johannesburg, Mandela became much more politically involved, seeing firsthand the kind of misery and poverty apartheid brought upon black communities. He enrolled at the University of South Africa to complete his bachelor's degree. Mandela graduated in 1943, and he decided to pursue a career as a lawyer.

Mandela studied law at the University of Witwatersrand, where he was the only native African student enrolled. Although he suffered racism at the school, he became friends with a diverse mix of people and liberal non-blacks, including Indians, Europeans, and Jews. He joined the ANC, and, becoming more passionate about black liberation, Mandela helped found the African National Congress Youth League (ANCYL) in 1944.

That same year, Mandela married Evelyn Mase, Walter Sisulu's cousin and a young ANC activist. The couple had four children, although one daughter fell ill and died before her first birthday. However, Mandela's increased commitment to his political work made him

ネルソン・マンデラ

　それは1941年のことで、ヨハネスブルグは政情不安に包まれていたものの、活気に満ちていた。マンデラは鉱山で警備員として働き始めると、アフリカ民族会議（ANC）の活動家であるウォルター・シスルに出会った。この組織は南アフリカの黒人の権利を擁護する団体で、後にマンデラの指導の下で南アフリカの与党となった。

　ヨハネスブルグで、マンデラは、アパルトヘイトが黒人社会に招いた不幸や貧困といったものを目の当たりにし、いっそう政治に関わるようになった。学士号を取得するために南アフリカ大学に入学し、1943年に卒業すると、弁護士の道に進むことにした。

　マンデラはウィットウォーターズランド大学で法律を学んだ。そこに在籍している現地アフリカ人学生はマンデラのみだった。マンデラはその大学で人種差別を受けたものの、インド人、ヨーロッパ人、ユダヤ人といった、さまざまな人種や進歩的な白人と親しくなった。アフリカ民族会議に加わり、黒人の解放にさらに情熱を傾けるようになると、1944年にアフリカ民族会議青年同盟（ANCYL）の設立に尽力した。

　同年、マンデラは、ウォルター・シスルのいとこであるアフリカ民族会議の若い活動家、エブリン・マセと結婚した。夫婦は、娘のひとりには1歳の誕生日を迎える前に病気で先立たれたものの、合わせて4人の子供をもうけた。しかしマンデラは政治活動にいっ

WORDS & PHRASES

■mine 名鉱山　■advocate 動〜を主張する　■firsthand 副じかに　■bachelor 名学士　■pursue 動（コースなどを）進む　■Jew 名ユダヤ人

spend less time with his family. This divide between family and work would become a theme throughout Mandela's life: before his death, Mandela divorced twice and married three times.

By 1950, Mandela had become the national president of the ANCYL. In 1952, together with Indian and communist organizations, the ANC planned a massive nonviolent protest against apartheid. The groups' leaders, including Mandela, were influenced by the peaceful protest tactics of Mahatma Gandhi. However, Mandela and several others were arrested under the Suppression of Communism Act and sentenced to nine months of hard labor. Mandela continued his political work and was arrested again in 1955 and accused of treason. He went to court in a trial that lasted five years. In 1961, Mandela was finally found innocent of treason.

Although the ANC was expanding and increasing its power, the political situation in South Africa was becoming worse. In 1960, police officers killed sixty-nine unarmed protesters. The country was thrown into a state of emergency and the ANC was banned. Mandela felt that desperate times called for desperate measures, and he helped form Umkhonto we Sizwe, meaning "Spear of the Nation," a guerilla group that plotted to use violence to fight apartheid. Mandela left South Africa to receive military training in Ethiopia and Morocco. However, when he returned in 1962, Mandela was arrested again and sent to prison for

ネルソン・マンデラ

そう打ち込むようになり、家族と過ごす時間はますます少なくなっていった。家庭と仕事との境界をどこに置くかが、マンデラには生涯を通じてテーマとなるのだった。亡くなるまで、マンデラは2度離婚し、3度結婚した。

1950年までには、マンデラはアフリカ民族会議青年同盟の議長に就任した。1952年、インド人や共産党の組織と連携して、アフリカ民族会議はアパルトヘイトに対する大規模な非暴力抗議運動を計画した。マンデラら諸団体の指導者たちは、マハトマ・ガンディーの平和的な抗議戦略に感化されていた。だがマンデラら数名は共産主義禁止法違反の容疑で逮捕され、重労働9ヵ月の刑を宣告された。それでもマンデラは政治活動を続け、1955年に再逮捕され、国家反逆罪に問われた。審理は5年にも及び、1961年、マンデラはついに無罪となった。

アフリカ民族会議は勢力を拡大していったが、南アフリカの政情はさらに悪化していった。1960年、警察が非武装の抗議者69名を殺害した。国全体が非常事態に陥り、アフリカ民族会議は政治活動を禁圧された。マンデラは、非常時には非常手段が必要だと感じ、「民族の槍」を意味する「ウムコント・ウェ・シズウェ」の創設に尽力した。それは暴力を使ってアパルトヘイトと戦おうともくろむ過激派組織だ。マンデラは南アフリカを離れ、エチオピアやモロッコで軍事訓練を受けた。ところが1962年に帰国すると、不法に国を

WORDS & PHRASES

■tactics 名戦略　■suppression 名禁止　■act 名法令　■treason 名国家への反逆　■ban 動〜を禁止する　■measure 名手段

leaving the country illegally and encouraging workers' strikes.

On October 9, 1963, Mandela was put on trial with ten other people accused of sabotage. The accused faced the death penalty. During this infamous trial now known as the Rivonia Trial, Mandela delivered his three-hour long "An Ideal for which I Am Prepared to Die" speech, which is now considered one of his greatest speeches. Nine months later, on June 11, 1964, Mandela was found guilty of sabotage. He and two others were sentenced to life in prison. Mandela was forty-five years old.

Mandela spent the next eighteen years locked up in Robben Island, a prison on a remote, desolate island. The apartheid government offered Mandela freedom on three different occasions, but only if he renounced his political beliefs. Mandela rejected all such offers.

By the 1980s, Mandela had turned sixty, and international attention on his situation increased. The "Free Mandela!" campaign swept the world, and the United Nations stepped in, calling for Mandela's release. However, the apartheid government continued to ignore these pleas. Meanwhile, South Africa was in chaos as the ANC used violence to overthrow the government, and the government secretly hired Zulu nationalists to strike back at the ANC. Something had to happen before South Africa was swallowed by civil war.

ネルソン・マンデラ

　出て労働者のストライキを促した罪で再逮捕され、刑務所に送られた。
　1963年10月9日、マンデラは破壊行為の罪で告発された他の10名とともに公判に付され、死刑を宣告される可能性すらあった。今ではリヴォニア裁判として知られているこの悪名高い審理中に、マンデラは3時間にもわたる「理想のためには死ぬ覚悟ができている」スピーチをした。それは今ではマンデラの最高のスピーチのひとつと考えられている。その9ヵ月後の1964年6月11日、マンデラは破壊行為の罪で有罪となり、他の2名とともに終身刑を言い渡された。マンデラは45歳だった。
　マンデラはそれからの18年を、遠く離れた孤島、ロベン島の刑務所に収監されて過ごした。アパルトヘイト政府からは、政治的信条を放棄する場合に限り自由にしてやろうと3回にわたり申し出があったが、マンデラはそうした申し出を一切断った。
　1980年代には、マンデラはすでに60歳を過ぎていたので、彼の置かれた状況に対する国際的関心が高まった。「マンデラに自由を！」の運動は世界中に広まり、国連も介入してきて、マンデラの解放を求めた。だがアパルトヘイト政府はこうした要請を無視し続けた。一方で、アフリカ民族会議が暴力を用いて政府を倒そうとしたために、南アフリカは混乱に陥っていたので、政府はアフリカ民族会議に反撃しようと、ズールー族の民族主義者たちをひそかに雇った。南アフリカが内戦に飲み込まれないうちに、何か事が起こる必要があった。

WORDS & PHRASES

■sabotage 名破壊工作　■infamous 形悪名高い　■desolate 形無人の
■renounce 動放棄する　■swept 動sweep（流行などが風靡する）の過去　■plea 名要請　■swallow 動〜を飲み込む

In 1989, a new president, F. W. de Klerk, came to power in South Africa. Although he held conservative views, de Klerk believed the system of apartheid could not continue to run a functional society. In December 1989 he asked Mandela to meet with him. Mandela agreed. After their discussion, de Klerk released Mandela from prison and legalized the ANC once again. Nelson Mandela walked out of prison on February 11, 1990. His release was televised all over the world.

In the days following his release, Mandela went right to work. He went on a tour of Africa, then of the world, meeting with political leaders to promote the end of apartheid. He was welcomed by Pope John Paul II, Margaret Thatcher, and George H. W. Bush, among others. Mandela and de Klerk were jointly awarded the Nobel Peace Prize in Norway. Back in Johannesburg, Mandela led the ANC's talks with the government for a way to end violence and apartheid. He was voted the president of the ANC, and he continued to work with de Klerk to negotiate a new form of multiracial democracy. With much compromise, Mandela and de Klerk outlined a new system of governance for South Africa.

In 1994, South Africa held its first-ever multiracial general election. The ANC Party won, making Nelson Mandela the president of South Africa. Apartheid was finally over.

ネルソン・マンデラ

　1989年、F・W・デクラークが新大統領に就任し、南アフリカの政権を握った。デクラークは保守的な見解を抱いていたものの、アパルトヘイト制度では機能的社会を維持できないと思った。1989年12月、デクラークはマンデラに面会を求め、マンデラはこれに同意した。両者の協議の結果、デクラークはマンデラを釈放し、アフリカ民族会議を再度公認することにした。1990年2月11日、ネルソン・マンデラは釈放された。その様子は世界中でテレビ中継された。

　釈放されてから数日後、マンデラはすぐに仕事に復帰した。アフリカ中を、そして世界中を回り、アパルトヘイト終結を推進するために政治指導者たちと会合を重ねた。中でもヨハネ・パウロ2世、マーガレット・サッチャー、ジョージ・H・W・ブッシュらから歓迎を受けた。ノルウェーでは、マンデラとデクラークはノーベル平和賞を共同受賞した。ヨハネスブルグに戻ると、マンデラは、暴力とアパルトヘイトを終結させる道を求めて、アフリカ民族会議と政府との会談を取り持った。そしてアフリカ民族会議の議長に選出され、デクラークと協力して、多民族の民主社会という新たな形態を取り決めようと努め続けた。互いに大いに歩み寄り、マンデラとデクラークは、南アフリカのための新しい統治体制の概要を示した。

　1994年、南アフリカは史上初の多民族総選挙を行った。アフリカ民族会議が勝利を収め、ネルソン・マンデラは南アフリカ大統領となった。アパルトヘイトはついに終わりを告げたのだ。

WORDS & PHRASES

■functional 形 機能的な　■legalize 動 合法化する　■Pope 名 ローマ教皇
■multiracial 形 多民族の　■governance 名 統治

Thanks to the tireless work of Mandela and his coalition government, South Africa successfully adopted a new Constitution in 1996. As president, Mandela focused on transitioning South Africa out of apartheid and into his vision of a "Rainbow Nation." Although he prioritized the issues of poverty, violence, poor health, lack of education, and lack of infrastructure among black communities, Mandela knew that nation-building was a collaborative effort. He instituted policies to ensure whites and other non-black communities could actively participate in the reconstruction process.

Nelson Mandela had promised to only serve one term as president. In 1999, he honored this promise and resigned from office. However, Mandela continued to work as a philanthropist and activist. He set up several foundations for children and education, and on his ninetieth birthday, he gave an international address, asking the rich to help the poor in every nation. But Mandela's health was failing. After suffering from a yearlong lung infection, Nelson Mandela passed away on December 5, 2013.

"Madiba" had left the world, and South Africa observed a mourning period of ten days. A funeral was held on December 15 at Mandela's childhood home of Qunu. Although the people of South Africa still mourn the loss of their "Madiba," Nelson Mandela's legacy lives on.

ネルソン・マンデラ

　マンデラのたゆまぬ努力と彼の率いる連立政権のおかげで、南アフリカは1996年に新憲法を採択するに至った。大統領としてマンデラは、南アフリカを、アパルトヘイトから「虹の国」という自らの構想に移行することに重点を置いた。黒人社会における貧困、暴力、不健康、教育の欠如、インフラの欠如といった問題を最優先したが、国造りには共同努力が必要だとわかっていた。そこで白人や他の非黒人社会が積極的に再建プロセスに参加できることを確実にするために、政策を設けた。

　ネルソン・マンデラは大統領を1期しか務めないと約束していた。1999年、この約束を守り、大統領職を辞任した。だがその後も慈善家かつ活動家として働き続けた。子供や教育のためにいくつか基金を設け、90歳の誕生日には国外に向けて演説し、各国において、貧しい人々を支援するよう豊かな人々に訴えた。ところがマンデラの健康は衰えていった。1年にわたり肺感染症を患った末、2013年12月5日、ネルソン・マンデラは逝去した。

　「マディバ」がこの世を去ると、南アフリカは10日間の喪に服した。葬儀は、12月15日にマンデラの故郷、クヌ村で営まれた。南アフリカの国民はいまだに「マディバ」の死を悼んでいるが、ネルソン・マンデラが後世に残したものは今もなお生き続けている。

WORDS & PHRASES

■coalition 名連立　■prioritize 動〜を優先する　■philanthropist 名慈善家
■lung infection 肺感染症　■pass away 死去する　■mourn 動嘆く、悼む

英語解説 *Words and Phrases* スピーチを読み解く鍵

p.16(1) **South Africa *is* the richest country in Africa, and *could* be one of the richest countries in the world.**
南アフリカはアフリカで最も裕福な国だ、
もしかしたら世界でも裕福な国々のひとつなのかもしれない。

　コンマより後半のcouldに注目して下さい。前半の文はisが用いられており現在の事実が述べられています。しかし後半部分はisではなく、canの過去形couldが用いられています。ここでcouldを「〜できた」と訳すのは適当ではありません。

　この文で使われているcouldは「〜なのかもしれない」という「可能性」の意味で用いられています。マンデラは南アフリカがアフリカで最も裕福な国であることははっきりとした事実として知っていたのでしょう。だから "South Africa is the richest country in Africa," と現在形isで表現しています。そして、おそらく世界においても裕福な国で入るのではないか、という気持ちがあるので後半部分の文ではisがcould beになっているのです。「〜かもしれない・あり得る」といった話し手の気持ちが込められたcouldの例と思って取り上げました。

　"Is this a gold dust?" "Could be. Could be."
　「これ砂金かな？」「そうかも。あり得るよ」

　I suppose I could be wrong.
　私が言っていることはもしかしたら間違っているのかもしれない。

　She couldn't mean that.
　彼女がそんなことを本心で言っているはずない。

p.22(2) **it is an ideal for which I am prepared to die.**
　それは私がそのために死んでも良いと覚悟を決めている理想だ。

ネルソン・マンデラ

「闘士マンデラ」を象徴したかのような言葉です。for は「〜のために」と理解してもよいですし、「〜を求めて」と解釈してもよいでしょう。which はもちろん関係代名詞で、後ろの文を導いて an ideal を説明しています。関係代名詞によって2つの文が一つになっていますから、分解してみると……

> it is an ideal.
> それが理想なのだ。
>
> I am prepared to die for it.
> 私はそのために死ぬ覚悟ができている。

となります。下線部 it が an ideal を指しているわけですが、関係代名詞 which に変換されています。その際 it にかかっている前置詞 for も which にくっついて前に出ました。通常、関係代名詞の直前は先行詞（説明される名詞）が来ますがこの文の場合先行詞 ideal と which の間に for が入っているのはそのためです。

このように文章で書くと難しい感じがしますが、英語を理解するには頭から理解していくことがポイントです。

> it is an ideal　　/ for which　　/ I am prepared to die.
> それが理想だ　　/ そのために　　/ 私は死ぬ覚悟も出来ている。

このように、英語を頭から理解するように習慣づけると語順感覚が身につき、速読速聴にもつながります。ぜひ頑張って下さい。

p.28(3) **none of us acting alone can achieve success.**
一人で行動する者は誰一人として成功できない。

問題の解決を白人対黒人の闘争ではなく、両者の融和によって成し遂げようというマンデラの崇高な理念を具体化したような言葉です。none of 〜で「〜のうち誰も…ない」という意味です。否定の意味を持つ代名詞なので文全体を否定します。acting alone は主語（主部）で

あるnone of usを修飾しています。

　achieveは「(努力などを積み重ねて) 成功する、やり遂げる、獲得する」という意味があります。同義の単語にaccomplishがありますが使い方に少し注意して下さい。

　achieveは特にsuccess、result、statusなど、accomplishはtask、missionなどを目的語に取りやすいです。このような単語と単語の自然なつながりをコロケーションと言います。単語を覚えるときは、文全体やまとまりで覚えるように努力するとこのようなネイティブ感覚も身につきやすいです。ぜひ頑張って下さい。

ネルソン・マンデラ

背景解説

肌の色の違いを乗り越えたマンデラ

　マハトマ・ガンディーが宗教の違いを乗り越えた国づくりにこだわり続けたことを強調するならば、ネルソン・マンデラは、肌の色の違いを乗り越えた国のありかたを模索し続けたリーダーでした。

　しかも、それは片方が過去に優遇され、もう片方は過去に差別されてきた人々でした。

　こうしたマンデラによる国づくりと対照的な政策を実施したのが、すぐ隣の国ジンバブエです。そこの指導者ロバート・ムガベは、マンデラとは対照的に白人勢力との闘争を政策に掲げ、白人の資産の略奪などを行い、内外から厳しい批判を受けました。

　南アフリカ共和国も、ジンバブエ共和国も、もともとイギリスによって席巻された歴史を持っています。そしてその後は、いわゆるアパルトヘイトなどによる黒人差別が横行した地域であることも知られています。

　ジンバブエは、昔ローデシアと呼ばれ、その名前の由来はこの地域をイギリスの傘下にいれることに大きく貢献したセシル・ローズの名前によります。19世紀から20世紀にかけての、いわゆる帝国主義の時代といわれた当時、アフリカがイギリスやフランスといったヨーロッパ列強の植民地獲得競争の餌食になった、その象徴的な地域が現在の南アフリカとジンバブエだったのです。

　従って、南アフリカ共和国でアパルトヘイトが廃止され、人口の多数派でありながら差別に苦しんできた黒人系の人々に平等の権利が付与されたとき、そこに住む多くの白人系の人々は、報復や逆差別の脅威に怯えたのも事実でした。

　その人種対立を克服し、南アフリカ共和国を一つにまとめる努力は、

> 背景解説

　簡単ではありません。しかし、それにチャレンジしたことによって、まず国内での紛争や経済的混乱を克服し、さらに海外からも大きな支持を得ることができたことが、ネルソン・マンデラを世界的な指導者として人々が認める所以だったのです。

　それに対して、人種的な報復に終始したロバート・ムガベの政策は、国内での人種の分断と同時に、諸外国からも批判の的となり、その結果ジンバブエは国際社会から孤立することになってしまったのです。

　この隣国同士の対照的な軌跡は、我々に多くのことを物語ります。

　国家を一つの人種と結びつけて運営するという過ちは、例えばナチス・ドイツにおけるユダヤ人虐殺など、歴史的にもさまざまな悲劇を産み出しました。

　国というものが形成される条件は、あくまでも領土と人と主権であって、そこに人種は含まれていないのだということを、ネルソン・マンデラは報復という人種対立の結果最も陥りやすい脅威を戒めたことで証明し、国家建設の原動力としたのでした。

Mohandas Karamchand Gandhi,
Leader of Indian Nationalist Movement

モーハンダース・カラムチャンド・ガンディー
インド民族主義運動の指導者

Excerpts from Mahatma Gandhi's "Quit India" Speech
given on August 8, 1942, in Mumbai (then Bombay), India

I believe that in the history of the world, ⁽¹⁾there has not been a more genuinely democratic struggle for freedom than ours. I read Carlyle's French Resolution while I was in prison, and Pandit Jawaharlal has told me something about the Russian revolution. But it is my conviction that inasmuch as these struggles were fought with the weapon of violence they failed to realize the democratic ideal. In the democracy which I have envisaged, a democracy established by nonviolence, there will be equal freedom for all. Everybody will be his own master. It is to join a struggle for such democracy that I invite you today. Once you realize this you will forget the differences between the Hindus and Muslims, and think of yourselves as Indians only, engaged in the common struggle for independence.

(1) →see page 70

マハトマ・ガンディーの「インドを立ち去れ」スピーチからの抜粋

1942年8月8日、インドのムンバイ(当時はボンベイ)にて

　世界の歴史上、われわれの戦いほど真に民主的な戦いは先例がないと思います。私は牢屋にいるあいだにカーライル(スコットランドの歴史家・評論家)の『フランス革命』を読みましたし、パンディト・ジャワハルラール(インド独立後の初代首相ネルーのこと)からはロシア革命について教わりました。しかし、私が確信しているのは、彼らは暴力という武器を用いて戦ったのですから、民主主義の理想を実現できなかったということです。私が心に描いてきた民主主義、すなわち、非暴力によって確立される民主主義においては、すべての人に平等な自由が与えられるでしょう。誰もが自分の思うとおりにできるのです。私が今日皆さんにお願いしているのは、そうした民主主義を求める戦いに参加していただくことです。こうしたことを理解してくだされば、皆さんはヒンズー教徒とイスラム教徒の違いなど忘れ、自らを単にインド人だと考え、独立を求めて共に戦ってくださるでしょう。

WORDS & PHRASES

■genuinely 副 真に　■inasmuch as ～だから、～なので　■envisage 動 ～を心に描く

Excerpts from Mahatma Gandhi's "Quit India" Speech given on August 8, 1942, in Mumbai (then Bombay), India

Our quarrel is not with the British people, we fight their imperialism. The proposal for the withdrawal of British power did not come out of anger. It came to enable India to play its due part at the present critical juncture. It is not a happy position for a big country like India to be merely helping with money and material obtained willy-nilly from her while the United Nations are conducting the war. We cannot evoke the true spirit of sacrifice and valor, so long as we are not free. I know the British Government will not be able to withhold freedom from us, when we have made enough self-sacrifice. (2)We must, therefore, purge ourselves of hatred. Speaking for myself, I can say that I have never felt any hatred. As a matter of fact, I feel myself to be a greater friend of the British now than ever before. One reason is that they are today in distress. My very friendship, therefore, demands that I should try to save them from their mistakes.

(2) →see page 71

マハトマ・ガンディー

　われわれが戦っているのは英国人ではなく、英国の帝国主義なのです。英国勢力に撤退を求める提案が出たのは、怒りによるものではありませんでした。インドが現在の危機に際して、当然果たすべき役割を果たせるようにするためなのです。連合国が戦争を行うあいだ、英国から否応なしに与えられた資金や物資で単に支援しているのは、インドのような大国にとって満足な立場であるとはいえません。われわれは自由でない限り、真の犠牲的精神や勇気を喚起できないのです。われわれが十分に自己犠牲を払ってきたのだとしたら、英国政府はわれわれに自由を与えざるをえなくなるだろうとわかっています。ですから、われわれは憎しみを捨てなければなりません。私自身について言えば、憎しみを抱いたことは決してないと言えます。実を言うと、かつてないほど今では英国人を友人のように思っています。それというのもひとつは、目下、彼らが苦境にあるからです。したがって、まさにそうした友情を抱いているからには、私は英国人を過ちから救おうとしてあげなければなりません。

WORDS & PHRASES

■quarrel 名紛争、反目　■juncture 名岐路、節目　■willy-nilly 副否応なしに　■evoke 動（感情などを）喚起する　■valor 名勇気　■withhold 動与えないでおく　■purge 動〜を除去する　■distress 名苦悩、困窮

Excerpts from Mahatma Gandhi's "Quit India" Speech given on August 8, 1942, in Mumbai (then Bombay), India

As I view the situation, they are on the brink of an abyss. It, therefore, becomes my duty to warn them of their danger even though it may, for the time being, anger them to the point of cutting off the friendly hand that is stretched out to help them. People may laugh, nevertheless that is my claim. At a time when I may have to launch the biggest struggle of my life, I may not harbor hatred against anybody.

マハトマ・ガンディー

現状を見ると、彼らはどん底に落ちる寸前です。そこで、たとえ当面は、友情を込めて差し伸べた援助の手を払いのけられるほど怒らせたとしても、危険が迫っていると英国に警告してあげるのが私の務めなのです。笑い物になるかもしれませんが、私はそう申し上げます。人生最大の戦いを起こす必要があるかもしれないこのときに、相手が誰であれ、敵意を抱いてはいけません。

WORDS & PHRASES

■brink 名崖っぷち　■abyss 名どん底　■nevertheless 副それでもなお
■launch 動開始する　■harbor 動(考えなどを)心に抱く

Excerpts from Mahatma Gandhi's "Quit India" Speech given on August 8, 1942, in Mumbai (then Bombay), India

What more should you do? I will tell you. Every one of you should, from this moment onwards, consider yourself a free man or woman, and act as if you are free and are no longer under the heel of this imperialism.

It is not a make-believe that I am suggesting to you. ⁽³⁾It is the very essence of freedom. The bond of the slave is snapped the moment he considers himself to be a free being. He will plainly tell the master: "I was your bond slave till this moment, but I am a slave no longer. You may kill me if you like, but if you keep me alive, I wish to tell you that if you release me from the bondage, of your own accord, I will ask for nothing more from you. You used to feed and clothe me, though I could have provided food and clothing for myself by my labor. I hitherto depended on you instead of on God, for food and raiment. But God has now inspired me with an urge for freedom and I am today a free man, and will no longer depend on you."

(3) → see page 71

マハトマ・ガンディー

　あなた方は他に何をするべきでしょうか？　お答えしましょう。この瞬間から、あなた方一人ひとりが自らを自由な人間だと思い、自由で、もはやこの帝国主義に虐げられていないかのようにふるまうべきです。

　私があなた方に提案しているのは、自由なふりをすることではありません。まさに自由そのものを手に入れることなのです。奴隷の束縛は、自分が自由な存在だと思った瞬間に断ち切られます。奴隷は率直に主人にこう言えばいいでしょう。「たった今まで私はあなたの奴隷でしたが、もはや違います。お望みとあらば殺してもらってもかまいませんが、生かしておいてくれるなら、こう言いたいと思います。自ら進んで解放してくれたら、あなたにはもう何も求めないと。私は働いて自分のために食べ物や服を手に入れてこられたのですが、あなたから食べ物や服を与えられてきました。これまで神の代わりにあなたに衣食の世話になってきました。でも今、神に励まされて自由になりたいと思うようになりました。私は今では自由な人間ですし、もはやあなたの世話になどなりません」

WORDS & PHRASES

■from ~ onwards　～以降　■make-believe　名ふり、見せかけ　■bond　名束縛
■slave　名奴隷　■snap　動切れる　■hitherto　副これまでは　■raiment　名衣服

Excerpts from Mahatma Gandhi's "Quit India" Speech given on August 8, 1942, in Mumbai (then Bombay), India

Here is a mantra, a short one, that I give you. You may imprint it on your hearts and let every breath of yours give expression to it. The mantra is: 'Do or Die'. We shall either free India or die in the attempt; we shall not live to see the perpetuation of our slavery. Every true Congressman or woman will join the struggle with an inflexible determination not to remain alive to see the country in bondage and slavery. Let that be your pledge.

Let every man and woman live every moment of his or her life hereafter in the consciousness that he or she eats or lives for achieving freedom and will die, if need be, to attain that goal. Take a pledge, with God and your own conscience as witness, that you will no longer rest till freedom is achieved and will be prepared to lay down your lives in the attempt to achieve it. He who loses his life will gain it; he who will seek to save it shall lose it. Freedom is not for the coward or the faint-hearted.

マハトマ・ガンディー

　あなた方に短いマントラを授けましょう。それを心に刻みつけ、息をするたびに伝えるようにしなさい。そのマントラとは「死ぬ気でやれ」です。インドを自由にするか、それを試みて死ぬかのどちらかです。奴隷が永続するのを見るまで生き永らえるわけにはいきません。真の連邦議会議員なら、生き残ってこの国で奴隷制度が続くのを見ることはしまいとの断固たる決意をもって、戦いに参加しましょう。そう誓ってください。

　すべての男性も女性も、今後は、自由を勝ち取るために食べて生きているのであって、その目標を遂げるために必要とあらば死ぬつもりだということを意識して、人生の一瞬一瞬を送るべきです。神と己の良心を証人として誓いなさい。自由を手に入れるまで休まないし、そのためなら命を捧げる覚悟をしようと。自らの命を失う人はそれを手に入れるでしょう。自らの命を守ろうとする人はそれを失うでしょう。臆病者や意気地なしには自由を勝ち取れません。

WORDS & PHRASES

■mantra 名マントラ、真言　■perpetuation 名永続化　■inflexible 形断固たる　■pledge 名誓い　■hereafter 副今後は　■coward 名臆病者　■faint-hearted 形意気地なしの

Mohandas Karamchand Gandhi

Leader of Indian Nationalist movement

Born October 2, 1869 in Porbandar, Kathiawar Agency, British Indian Empire
Died January 30, 1948, in New Delhi, India

Often considered the creator of peaceful protest, Mohandas Karamchand Gandhi has truly impacted the world, inspiring many civil rights movements and world leaders. Born into British-ruled India, Gandhi led the way to Indian independence and is lovingly called the Father of India. His well-known title, Mahatma Gandhi, means "Venerable Gandhi" or "High-Souled Gandhi." Through his humble, compassionate, and self-sacrificing lifestyle, he has come to be considered a spiritual leader as well as a civic one.

Gandhi was born on October 2, 1869, in a town called Porbandar in a western region of India. He was named Mohandas Karamchand Gandhi, or "Mohan" for short. When Gandhi was thirteen years old, he married fourteen-year-old Kasturbai Makhanji in an arranged marriage. Although the young girl spent much time at her own family's home, Gandhi had his first child when he was fifteen. Although the child did not

マハトマ・ガンディー

ショートバイオ

インド民族主義運動の指導者

1869年10月2日、英国領インド帝国、
カーティヤワール地方のポルバンダルに生まれる。
1948年1月30日、インドのニューデリーで逝去。

　平和的な抗議運動の生みの親であるとしばしば考えられる、モーハンダース・カラムチャンド・ガンディーは、世界に実に大きな影響を与え、多くの公民権運動や世界の指導者たちが生まれるきっかけを作った。英領インドに生まれたガンディーは、インド独立への道を開いたので、親しみをこめて「インドの父」と呼ばれている。よく知られた敬称、マハトマ・ガンディーは、「尊敬すべきガンディー」あるいは「高潔なガンディー」を意味する。質素で慈悲深く献身的な生き方を貫いたために、市民指導者であるばかりか、精神的指導者でもあると見なされるようになってきた。

　ガンディーは、1869年10月2日、インド西部のポルバンダルという町で生まれ、モーハンダース・カラムチャンド・ガンディー、略して「モーハン」と名づけられた。ガンディーは13歳のころ、14歳のカストゥルバ・マカンジと見合い結婚をした。若い娘は大半の時間を実家で過ごしたが、ガンディーは15歳のときに第一子をも

WORDS & PHRASES

■venerable 形 尊敬する　■compassionate 形 慈悲深い　■civic 形 市民の

survive, the young couple had four more children, all boys.

At school, Gandhi was an average student. He got mediocre grades but was well behaved. He passed the exams to attend University College in London and left India for London in 1888.

In London, Gandhi was lonely and missed his mother's cooking. However, he got his first experiences in civic organization. He joined the Vegetarian Society in London, was voted onto its executive committee, and even founded a local chapter of the society.

In 1891, with a freshly completed law degree, Gandhi returned to India to start his own law firm in Bombay. However, this venture failed when he discovered that he was too shy to speak in court. Two years later, he signed a yearlong contract with Dada Abdulla & Co., a law firm in South Africa, which was then still a British colony.

Gandhi was twenty-four years old when he moved to South Africa. He worked as a lawyer for the colony's large Indian population. Although Indians divided themselves by religion—Hindus and Muslims—Gandhi felt that being Indian transcended both religion and caste. While in South Africa, he also witnessed and experienced the widespread discrimination directed at all non-white peoples. He began to stand up for his rights with peaceful protests. For example, he refused to give up his first-class seat on a train, and he refused

マハトマ・ガンディー

うけた。その子は幼くして亡くなったものの、若夫婦のあいだにはさらに4人の男の子が生まれた。

学校では、ガンディーは普通の生徒で、成績は平凡だったが品行方正だった。ロンドンのユニヴァーシティ・カレッジの入学試験に合格し、1888年にインドを離れ、ロンドンに向かった。

ロンドンでは、ガンディーは孤独で、母親の手料理を懐かしく思い出した。だが市民組織で初めての経験を積んだ。ロンドンのベジタリアン協会に入会し、執行委員に選出され、その協会の地方支部を設立することさえした。

1891年、取得したばかりの法律の学位をもって、ガンディーはインドに帰国し、ボンベイで法律事務所を開いた。ところがこの事業は失敗した。ガンディーは、内気すぎて法廷で話せないと気づいたのだ。それから2年後、当時はまだ英国の植民地だった南アフリカの法律事務所、ダダ・アブドゥラ・カンパニーと1年契約を結んだ。

ガンディーが南アフリカに移り住んだのは24歳のときだった。その植民地に住んでいる大勢のインド人のために弁護士として働いた。インド人は、宗教によって、つまり、ヒンズー教徒とイスラム教徒とで分裂していたが、ガンディーは、インド人であることは宗教も社会階級も超越すると感じていた。南アフリカにいるあいだ、あらゆる非白人に対して横行する差別も目撃し、体験した。そこで平和的抗議運動をもって自らの権利のために戦い始めた。たとえば、列車で1等席を譲るのを拒んだり、法廷でターバンを外す

WORDS & PHRASES

■mediocre 形平凡な　■chapter 名支部　■transcend 動〜を超越する　■caste 名社会階級、カースト制度

to remove his turban in court. It was here that Gandhi began to question the role of the British Empire and to build his beliefs about civil rights and human equality.

By the time the British Empire tried to pass a bill that barred Indians in South Africa from voting, Gandhi had already become well known as an activist. Although he was supposed to return to India in 1894, he extended his stay in South Africa to help stop the bill. Although the bill ultimately passed, Gandhi brought attention to Indian social issues and helped found the Natal Indian Congress. Later, in 1906, another anti-Indian law passed, and Gandhi helped organize a mass protest that lasted for seven years. The Indian community embraced Gandhi's approach of using nonviolent civil disobedience. In the end, the South African leader Jan Christiaan Smuts had no choice but to negotiate a deal with Gandhi on Indian issues.

Gandhi returned to India for good in 1915. He was welcomed to his native country as an Indian activist, philosopher, and civic leader. He joined the Indian National Congress political party, eventually becoming its leader in 1920. He was popular among both Muslims and Hindus, making him a uniting force in India and a more effective civil organizer.

After Gandhi took office in the Indian National Congress, it took twenty-seven years for India to gain its independence. For nearly three decades, Gandhi

マハトマ・ガンディー

のを断ったりした。この地でガンディーは大英帝国の役割に疑問を呈し、公民権と人間の平等に関する信念を築くようになったのだ。

　南アフリカ在住のインド人の投票を禁じる法案を大英帝国が通過させようとするころまでには、ガンディーはすでに活動家として有名になっていた。1894年にインドに帰国する予定だったが、南アフリカの滞在を延期し、その法案の通過を阻止しようと努めた。法案は最終的に可決したものの、ガンディーはインド人の社会問題に対して注意を喚起し、ナタール・インド人会議の設立に尽力した。後に1906年になると、新たな反インド人法が通過し、ガンディーは、7年間続く大規模な抗議運動を組織するのに力を貸した。そのインド人の共同体は、非暴力による市民的不服従を用いるガンディーのアプローチを取り入れた。結局のところ、南アフリカの指導者、ジャン・クリスチャン・スマッツは、インド人問題でガンディーと協定をまとめざるをえなくなった。

　ガンディーは1915年にインドに帰国し、以降はその国で暮らした。インド人の活動家として、哲学者として、市民指導者として母国に歓迎された。インド国民会議という政党に加わり、やがて1920年には総裁に就任した。イスラム教徒とヒンズー教徒の双方から高い支持を得たので、インドの人々を結びつける力となり、いっそう有力な市民のまとめ役へとなっていった。

　ガンディーがインド国民会議の総裁に就任してから、インドが独立を勝ち取るまでには27年かかった。約30年間、ガンディーは

WORDS & PHRASES

■bill 名法案　■bar 動〜を除外する　■ultimately 副最終的に　■disobedience 名不服従

worked tirelessly, bringing the Indian factions together and negotiating with the British. He stood up for women's rights, fought for the poor, and made unforgettable speeches. During this time, Gandhi was arrested multiple times and marched to the sea to protest salt taxes. He witnessed British colonizers massacre Indians, and the nation watched the start and end of World War II. Through it all, Gandhi stuck to his method of nonviolent protest. His activism of noncooperation gained more and more strength until finally, in 1947, the British Empire left India once and for all.

Gandhi devoted his life to bettering his country and honoring the culture and rights of his people. After his return from South Africa, Gandhi's lifestyle was based on humility and compassion. He always wore handmade white robes, remained a vegetarian, and lived in a simple home. His very lifestyle became a lesson for people in humility.

After India won its independence, Gandhi did not stop working for the Indian people. He was protesting the conflict between Muslims and Hindus in Bengal when he was shot and killed by Nathuram Godse, a Hindu nationalist.

More than two million people participated in Mahatma Gandhi's funeral march, which stretched from the place of his assassination to the banks of the Yamuna River, where many of India's most revered leaders and kings are buried.

マハトマ・ガンディー

懸命に働き、インドの派閥争いを和解させ、英国と交渉を進めた。女性の権利のために立ち上がり、貧しい人のために戦い、記憶に残る数々の演説をした。この間に、ガンディーは何度も逮捕され、塩税に抗議するために海まで行進することもあれば、英国の植民者たちがインド人を虐殺する様を目の当たりにすることもあった。インドそのものは、第二次世界大戦が始まり終わるのを見守った。その間ずっと、ガンディーは非暴力による抗議という自身の流儀を貫いた。非協力行動はいっそう威力を増していき、1947年になるとついに大英帝国はインドから完全に撤退した。

ガンディーは母国をよりよい国にし、国民の文化や権利を尊重することに生涯を捧げた。南アフリカから帰国後、ガンディーの生き方は謙虚さと思いやりに基づいていた。常に手製の白衣を着て、ベジタリアンを貫き、質素な家で暮らした。彼の生き方はまさに、謙虚さにおける人々への手本となった。

インドが独立を勝ち取ってからも、ガンディーはインド国民のために尽くすのをやめなかった。ベンガルで続いていたイスラム教徒とヒンズー教徒の衝突に抗議している最中に、ガンディーは、ヒンズー教徒の民族主義者、ナートゥーラーム・ゴードセーに銃で暗殺された。

200万人以上の人々が、マハトマ・ガンディーの葬儀の行進に加わった。その行進は、暗殺された場所から、インド人が敬愛する指導者や王の大半が埋葬されているヤムナ川の堤防にまで及んだ。

WORDS & PHRASES

■faction 名 派閥争い　■massacre 動 虐殺する　■stuck 動 stick (《 – to》～をやり通す) の過去　■assassination 名 暗殺　■bank 名 堤防、岸　■revere 動 ～を尊敬する

英語解説　*Words and Phrases*　スピーチを読み解く鍵

p.52(1) **there has not been a more genuinely democratic struggle for freedom than ours.**
未だかつて我々以上に純粋な民主的闘争は存在しなかった。

　清貧とも言うべき潔癖さを貫いたガンディーらしい言葉です。「〜は存在しない」の意を表す "there is not" が現在完了形になって "there has not been" となっています。現在完了形は日本語にない文法なので苦手に感じる方が多いのですが、「過去から現在までの行動をいっぺんに表現する文法」と思えばそう難しくはありません。
　例文で解説してみましょう。

（現在形） I am a teacher.
　「私は教師です」→「昔は教師だったのかどうか」はわかりません。

（過去形） I was a teacher ten years ago.
　「10年前教師をしていました」→「今教師なのかどうか」はわかりません。

（現在完了形） I have been a teacher for ten years.
　「私は教師を10年やっています」

　このように「過去から現在までの行動」を一文で表現出来るのが完了形です。

　more A than B で「B以上のA」と言う意味です。ours は「私達のもの」という意味で "our struggle（私達の闘争）" の代わりです。
　「今までに〜以上のものは存在しなかった」と言えば、実質的に「私達の闘争が一番〜だ」という最上級の意味を表します。
　英語では完了形がとにかくよく使われますので、ぜひ慣れて使いこなしていただきたい文法です。

マハトマ・ガンディー

p.54(2) **We must, therefore, purge ourselves of hatred.**
それゆえ私達は私達自身から憎悪を追放しなければならないのです。

　purge A of Bで「AからBを追放する」という意味です。hatredは憎悪という意味です。purgeには「（心・体）を清める」という意味もあります。まさにこの言葉にぴったりな単語チョイスと言えるでしょう。

　They purged the party of extremists.
　彼らは党から過激分子を追放した。

　ガンディーもマンデラ氏と同様、融和による事態の解決を望んでいたことがわかります。暴力や憎しみによる解決は新たな憎悪を生み出すだけです。抑圧下のインドにありながら、お互いがお互いを一人の人間・対等の国家として認め合うことの大切さを非暴力によって訴えたガンディーの理念に、21世紀に生きる我々も学ぶべきことがあります。

p.58(3) **It is the very essence of freedom.**
それこそがまさしく自由の神髄なのだ。

　veryは「とても」という意味があまりに人気（？）なのでついつい忘れがちですが「まさに」「まったく」「まさしく」「ちょうどその」という意味もあります。

　This is the very book I need now.
　これこそ今私に必要な本です。

　At that very moment the door bell rang.
　ちょうどその時ドアのベルが鳴った。

　この直前の「自分が自由な存在であると自覚し、そのように行動しなさい」を受けての表現です。ガンディーの目標がインドの政治的独立だけではなく、人々を精神的にも解放し独立させることを目指していたことが伺える演説です。

背景解説

非暴力と不服従の精神で戦ったガンディー

　我々日本人にとっては、宗教的な対立がもたらす悲劇がどれだけ過酷なものか、なかなか理解できません。

　日本でも歴史をひも解けば、中世から近世にかけて、仏教のさまざまな分派の対立が社会混乱へとつながっていった事例は多々あります。しかし、明治以降、近代国家となって以来、日本人が宗教戦争に巻き込まれたことはほとんどないといっても過言ではありません。

　マハトマ・ガンディーは、単にインドをイギリスからの独立へと導いた指導者であるというだけではありません。彼は、インド全土に複雑に広がる宗教的な確執をどう克服するかというテーマに生涯取り組み、悩み、最終的には命をも落とした思想家でした。

　イギリスの植民地になる前のインドは、イスラム教国として知られるムガール王朝の支配が次第に崩壊する中で、ヒンズー教やシーク教など、さまざまな宗教が複雑に絡まった地方勢力が台頭していました。

　特に、ヒンズー教とイスラム教との対立は、イギリスからの独立後も続き、ついにイスラム教徒の多いパキスタンはインドから分離してしまいます。

　ガンディーは、そんなインドという社会の融合を願い続けたのです。つまり、インドとは、ヒンズーやイスラムなど、さまざまな宗教文化の融合した姿そのものだととらえ、他の宗教に寛容であることが、独立後のインド社会を再生させてゆくには最も大切なことだと考えたのです。

　非暴力と不服従という今までにはない、独自の抵抗によりインドを独立に導いたガンディーの思想を彼の一つの姿であるとするならば、この多様な宗教をお互いに認め合おうという意思表示が、彼の唱える

マハトマ・ガンディー

理想のもう一つのテーマであったことを、我々は忘れてはならないのです。

今、グローバルなコミュニケーションを促進してゆくなかで、多様性という価値観を大切にしようという動きをよく目にします。また、さまざまな移民によって社会が成り立っているアメリカなどでは、多様性こそ最も重要な価値観であって、お互いの違いや特徴を尊重し合うことが社会づくりの基礎であるという考え方が、もはや常識ともなっています。

ガンディーは、宗教によって分裂しようとするインド社会にあって、この多様性という考え方を誰よりも先に唱えた人物といえましょう。

その理想は、パキスタンとの分離、彼の暗殺、そしてその後のインド国内での人々の確執によって、いまだ実現されているとはいえません。

しかし、彼の考え方が、世界に飛び火し、例えば本書で扱うキング牧師やネルソン・マンデラなどへと受け継がれていったことは確かです。

そして、そうした飛び火による理想の伝播は、インドではなく、例えばアメリカ合衆国などで、60年代以降の平等な社会づくりへの新たな挑戦へとつながっていったことを、我々は忘れてはならないのです。

ガンディーがインドの英雄ではなく、世界の指導者と評価される所以は、正にこうした背景があるからなのです。

Martin Luther King, Jr.,
Leader of the American Civil Rights Movement

マーティン・ルーサー・キング・ジュニア
アメリカ公民権運動の指導者

Excerpts from Martin Luther King, Jr.'s "I Have a Dream" speech

given at the Lincoln Memorial in Washington D.C., August 28, 1963

(1)Five score years ago, a great American, in whose symbolic shadow we stand today, signed the Emancipation Proclamation. This momentous decree came as a great beacon light of hope to millions of Negro slaves who had been seared in the flames of withering injustice. It came as a joyous daybreak to end the long night of their captivity.

But one hundred years later, the Negro still is not free. One hundred years later, the life of the Negro is still sadly crippled by the manacles of segregation and the chains of discrimination. One hundred years later, the Negro lives on a lonely island of poverty in the midst of a vast ocean of material prosperity. One hundred years later, the Negro is still languished in the corners of American society and finds himself an exile in his own land. And so we've come here today to dramatize a shameful condition.

(1) → see page 98

マーティン・ルーサー・キングの「私には夢がある」スピーチからの抜粋

1963年8月28日、ワシントンD.C.のリンカーン記念堂にて

　100年前、ある偉大なアメリカ人が奴隷解放宣言に署名しました。今日われわれは、その坐像の影の中に立っています。この重大な宣言は、激しい不正義の炎に焼かれてきた何百万もの黒人奴隷たちにとって大きな希望の灯火（ともしび）となりました。彼らが捕らわれの身にあった長い夜が終わりを告げ、歓喜あふれる夜明けが訪れたのです。

　しかしあれから100年を経た今でも、黒人はいまだに自由ではありません。100年を経た今でも、黒人の生活は、残念ながらいまだに人種隔離の手かせと人種差別の鎖によって自由を奪われたままです。100年を経た今でも、黒人は物質的繁栄という広大な海の真ん中に浮かぶ、貧困という孤島で暮らしています。100年を経た今でも、黒人はいまだにアメリカ社会の片隅で惨めな生活を強いられ、母国にいながら流浪の民のごとくなっています。そこでわれわれは今日、この恥ずべき状況をありありと訴えるためにここに集まりました。

WORDS & PHRASES

- ■score years ago ×20年前　■emancipation 名開放　■proclamation 名宣言
- ■decree 名宣言　■beacon 名かがり火　■Negro 名黒人《差別的表現》　■sear 動〜を焼き焦がす　■withering 形激しい　■captivity 名捕らわれの身
- ■cripple 動〜を不自由にする　■manacle 名手かせ　■segregation 名人種差別
- ■languish 動惨めに暮らす　■exile 名流浪の民

Excerpts from Martin Luther King, Jr.'s "I Have a Dream" speech given at the Lincoln Memorial in Washington D.C., August 28, 1963

In a sense ⁽²⁾we've come to our nation's capital to cash a check. When the architects of our republic wrote the magnificent words of the Constitution and the Declaration of Independence, they were signing a promissory note to which every American was to fall heir. This note was a promise that all men, yes, black men as well as white men, would be guaranteed the "unalienable Rights" of "Life, Liberty and the pursuit of Happiness." It is obvious today that America has defaulted on this promissory note, insofar as her citizens of color are concerned. Instead of honoring this sacred obligation, America has given the Negro people a bad check, a check which has come back marked "insufficient funds."

(2) → see page 98

マーティン・ルーサー・キング Jr.

　言うなれば、われわれは、小切手を換金するためにわが国の首都にやって来たのです。わが共和国の創造者たちは、合衆国憲法と独立宣言の格調高い文言を記した際に、すべてのアメリカ人が継承することになる約束手形に署名していたのです。この手形は、すべての人々に、そうです、白人ばかりか黒人にも、「生命、自由、幸福の追求」という「不可侵の権利」が保証されると約束するものでした。しかし今日まで、アメリカが、有色人種の国民に限って言えば、この約束手形を不払いにしてきたことは明らかです。アメリカはこの神聖な義務を果たすどころか、黒人に対して不渡り小切手を切ってきたのです。その小切手は「残高不足」の印をつけられて戻ってきました。

WORDS & PHRASES

■check 名 小切手　■architect 名 立案者、建設者　■promissory note 約束手形
■fall heir 継承する　■unalienable 形 不可侵の　■default 動（支払いなどを）怠る　■insofar as ～の場合　■insufficient funds 残高不足

Excerpts from Martin Luther King, Jr.'s "I Have a Dream" speech given at the Lincoln Memorial in Washington D.C., August 28, 1963

But there is something that I must say to my people, who stand on the warm threshold which leads into the palace of justice: In the process of gaining our rightful place, we must not be guilty of wrongful deeds. Let us not seek to satisfy our thirst for freedom by drinking from the cup of bitterness and hatred. We must forever conduct our struggle on the high plane of dignity and discipline. We must not allow our creative protest to degenerate into physical violence. Again and again, we must rise to the majestic heights of meeting physical force with soul force.

The marvelous new militancy which has engulfed the Negro community must not lead us to a distrust of all white people, for many of our white brothers, as evidenced by their presence here today, [3]have come to realize that their destiny is tied up with our destiny. And they have come to realize that their freedom is inextricably bound to our freedom.

We cannot walk alone.

And as we walk, we must make the pledge that we shall always march ahead.

We cannot turn back.

マーティン・ルーサー・キング Jr.

　しかし私には、正義の殿堂へと続く、熱気あふれる入り口に立つわが国民に伝えなければならないことがあります。正当な地位を得る過程で、われわれは不法行為を犯してはなりません。恨みや憎しみの杯で飲むことで、自由に対する渇きをいやそうとするのはやめましょう。われわれは常に、尊厳と規律を高い水準に保ったまま戦っていかなければなりません。われわれの建設的な抗議運動を、肉体的暴力へと堕落させてはなりません。腕力には精神力で応じるという壮大な高みにまで、何度でも昇っていかなければなりません。

　黒人社会は驚くべき新たな闘志に包まれていますが、そのために白人全体に対する不信が生まれることがあってはいけません。なぜなら、わが国民の白人の多くは、今日ここにお集まりになっていることからも明らかなように、自分たちの運命がわれわれ黒人の運命と結びついていると悟り始めてきたからです。また、自分たちの自由がわれわれの自由と密接に絡み合っていることにも気づいてきたのです。

　われわれだけで歩くことはできません。

　そして、歩くからには、常に前進あるのみだと心に誓わなければなりません。

　引き返すことなどできないのです。

WORDS & PHRASES

■threshold 名入口　■deed 名行為　■degenerate 動堕落する　■militancy 名闘争心　■engulf 動〜を包み込む　■inextricably 副密接に、表裏一体に

Excerpts from Martin Luther King, Jr.'s "I Have a Dream" speech given at the Lincoln Memorial in Washington D.C., August 28, 1963

Let us not wallow in the valley of despair, I say to you today, my friends.

And so even though we face the difficulties of today and tomorrow, I still have a dream. It is a dream deeply rooted in the American dream.

(4)I have a dream that one day this nation will rise up and live out the true meaning of its creed: "We hold these truths to be self-evident, that all men are created equal."

I have a dream that one day on the red hills of Georgia, the sons of former slaves and the sons of former slave owners will be able to sit down together at the table of brotherhood.

I have a dream that one day even the state of Mississippi, a state sweltering with the heat of injustice, sweltering with the heat of oppression, will be transformed into an oasis of freedom and justice.

(4) → see page 100

マーティン・ルーサー・キング Jr.

　絶望の谷間でもがくのはもうやめましょう。わが友人の皆さん、今日、私は申し上げたいことがあります。

　たとえわれわれが今日も明日も困難に直面したとしても、私には夢があります。それは、アメリカンドリームに深く根ざした夢です。

　私には夢があります。いつの日か、この国の民が立ち上がり、「すべての人間は平等に創られていることを自明の真理と信じる」という信条を真の意味で実現するという夢です。

　私には夢があります。いつの日か、ジョージア州の赤土の丘で、かつての奴隷の息子たちとかつての奴隷所有者の息子たちが、仲間として同じテーブルを囲めるという夢です。

　私には夢があります。いつの日か、不正と抑圧の炎熱で照りつけているミシシッピ州でさえ、自由と正義のオアシスに変貌するという夢です。

WORDS & PHRASES

■wallow 動もがく　■live out 実現する　■creed 名信条　■self-evident 形自明の　■brotherhood 名同胞の間柄　■sweltering 形地獄のように暑い

Excerpts from Martin Luther King, Jr.'s "I Have a Dream" speech given at the Lincoln Memorial in Washington D.C., August 28, 1963

I have a dream that my four little children will one day live in a nation where they will not be judged by the color of their skin but by the content of their character.

I have a dream today!

I have a dream that one day, down in Alabama, with its vicious racists, with its governor having his lips dripping with the words of "interposition" and "nullification"—one day right there in Alabama little black boys and black girls will be able to join hands with little white boys and white girls as sisters and brothers.

I have a dream today!

マーティン・ルーサー・キング Jr.

　私には夢があります。いつの日か、4人の幼いわが子供たちが、肌の色ではなく、人柄で評価される国で暮らすという夢です。

　今日、私には夢があります！

　私には夢があります。邪悪な人種差別主義者や、「州権優位説」や「連邦法実施拒否」という言葉を並べ立てる州知事のいるアラバマ州でさえも、いつの日か、黒人の少年少女が白人の少年少女と兄弟姉妹のように手をつなげるようになるという夢です。

　今日、私には夢があります！

WORDS & PHRASES

■vicious 形 邪悪な、卑劣な　■drip 動 ～をたらす、漏らす　■interposition 名 干渉、介入　■nullification 名 無効化、取り消し

Excerpts from Martin Luther King, Jr.'s "I Have a Dream" speech given at the Lincoln Memorial in Washington D.C., August 28, 1963

With this faith, we will be able to hew out of the mountain of despair a stone of hope. With this faith, we will be able to transform the jangling discords of our nation into a beautiful symphony of brotherhood. With this faith, we will be able to work together, to pray together, to struggle together, to go to jail together, to stand up for freedom together, knowing that we will be free one day.

And when this happens, and when we allow freedom ring, when we let it ring from every village and every hamlet, from every state and every city, we will be able to speed up that day when all of God's children, black men and white men, Jews and Gentiles, Protestants and Catholics, will be able to join hands and sing in the words of the old Negro spiritual:

Free at last! Free at last!

Thank God Almighty, we are free at last!

マーティン・ルーサー・キング Jr.

　この信念があれば、われわれは、絶望の山から希望の石を削り取ることができるでしょう。この信念があれば、わが国の耳障りな不協和音を、兄弟愛という美しいシンフォニーに変えることができるでしょう。この信念があれば、いつの日か自由になると信じて、共に働き、共に祈り、共に戦い、共に牢屋に入り、共に自由のために立ち上がることができるでしょう。

　そしてこれが実現し、自由の鐘を鳴り響かせられたら、すべての村や集落から、すべての州や町から自由の鐘を鳴り響かせられたら、われわれは、神の子すべてが、黒人も白人も、ユダヤ教徒もキリスト教徒も、プロテスタントもカトリック教徒も、手をつないで、古き黒人霊歌の歌詞を口ずさめる日が来るのを早められるでしょう。

　ついに自由だ！　ついに自由だ！

　全能の神に感謝します。われわれはついに自由になったんだ！

WORDS & PHRASES

■faith 名信念　■hew 動 (石などを)切り出す　■jangling 形 耳障りな　■ring 名鐘の音 動鐘を鳴らす　■hamlet 名集落　■Gentile 名 (ユダヤ人から見て)キリスト教徒、異教徒

Martin Luther King, Jr.
Leader of the American Civil Rights Movement
Born January 25, 1929, in Atlanta, Georgia, USA
Died April 4, 1968, in Memphis, Tennessee, USA

America's most well-known and beloved civil rights leader is Martin Luther King, Jr., a black Baptist minister from Atlanta, Georgia. King devoted his life to fighting segregation and racism in the United States. He is best remembered for his "I Have a Dream" speech, given in Washington, D.C., and many have since considered King one of America's best orators. Through peaceful protest, King was able to inspire an entire nation not only to think deeply about racism, but also to change its racist policies. Awarded the Nobel Peace Prize in 1964, King's work was tragically cut short in 1968 when he was assassinated. However, his "dream" of an America where all people are treated equally lives on.

Martin Luther King, Jr., was born on January 15, 1929. He was originally named Michael King, but in 1934, his father changed both his own name and his son's name to Martin Luther after the famous German monk who founded Protestantism.

マーティン・ルーサー・キング Jr.

ショートバイオ

アメリカ公民権運動の指導者

1929年1月25日、
米国ジョージア州アトランタに生まれる
1968年4月4日、米国テネシー州メンフィスで逝去

　アメリカでもっとも有名で愛された公民権運動の指導者は、ジョージア州アトランタ出身の黒人バプテスト派牧師である、マーティン・ルーサー・キング・ジュニアだ。キングはアメリカ合衆国の人種隔離や人種差別との戦いに生涯を捧げた。ワシントンD.C.で「私には夢がある」スピーチをしたことでもっともよく記憶されていて、それ以来、アメリカ屈指の雄弁家だと多くの人から認められてきた。キングの平和的な抗議運動に感化されて、国民全体が、人種差別について深く考えるばかりか、人種差別政策を変えたいと思うようになった。キングは1964年にノーベル平和賞を受賞したものの、1968年に暗殺され、悲劇的にもその活動は打ち切られることとなった。だが、すべての人が平等に扱われるアメリカを目指した彼の「夢」は、今もなお生き続けている。

　マーティン・ルーサー・キング・ジュニアは、1929年1月15日に生まれた。最初はマイケル・キングと名づけられたが、1934年、父親が、プロテスタント主義を創立した有名なドイツ人修道士にちなんで自分と息子の名前をマーティン・ルーサーに変えた。

WORDS & PHRASES

■orator 名雄弁家　■assassinate 動暗殺する　■monk 名修道士

King had an older sister and a younger brother, and the three siblings grew up very involved at the Ebenezer Baptist Church where their father was the minister. King showed great potential at school, skipping the ninth and twelfth grades. He enrolled at Morehouse College at fifteen years old, and he graduated with a bachelor's degree in sociology in 1948. He then continued his education at Crozer Theological Seminary in Pennsylvania to become a minister. He then went on to pursue his PhD at Boston University and received his degree in 1955.

At twenty-five years old, with a new wife, Coretta, and a baby on the way, King became the pastor of the Dexter Avenue Baptist Church in Montgomery, Alabama. During this time, segregation and racial discrimination was still legal in the United States. However, one day in 1955, a woman named Rosa Parks refused to give up her seat on a bus for a white person on her way home from work. She was arrested and fined for her disobedience. This led to the Montgomery bus boycott, which was the first civil rights protest led by Martin Luther King, Jr.

マーティン・ルーサー・キング Jr.

　キングは、姉ひとり弟ひとりとともに、父親が牧師をしていたエベニーザー・バプテスト教会で大変仲良く育った。キングは学校で大いに将来性を示し、9年生と12年生を飛び級した。15歳になると、モアハウス大学に入学し、1948年に社会学の学士号を取って卒業した。その後は、牧師になるためにペンシルバニア州のクローザー神学校で学び続けた。さらに博士号を目指そうとボストン大学に進み、1955年に取得した。

　25歳になると、新妻のコレッタと、まもなく生まれる予定の赤ん坊を抱えて、キングはアラバマ州モンゴメリーのデクスター通りバプテスト教会の牧師になった。この間、人種隔離と人種差別は合衆国で依然として合法のままだった。ところが1955年のある日、ローザ・パークスという女性が、仕事から帰る途中でバスの席を白人に譲るのを拒んだ。彼女は市条例違反により逮捕され、罰金刑を科せられた。この事件がきっかけで、モンゴメリー・バス・ボイコット運動が起こり、それはマーティン・ルーサー・キング・ジュニアが指揮する初めての公民権抗議運動となった。

WORDS & PHRASES

■sibling 名 兄弟姉妹　■PhD 略 博士号《Doctor of Philosophy》　■on the way もうすぐ生まれる予定の　■pastor 名 牧師　■fine 動 ～に罰金を科す

At the beginning of the bus boycott, King spoke to a group of protesters, urging everyone to protest peacefully. No matter what humiliation, harassment, or even physical punishment came their way, the protesters vowed not to use violence. King and his mentors had been inspired by the peaceful protests of Mahatma Gandhi, and they believed this kind of nonviolent disobedience could change America.

Led by King, the bus boycott lasted for 382 days. Every participating African American in Montgomery, Alabama, walked to work. The protesters were continually harassed, intimidated, and even beaten, but they remained strong in their commitment to peace. The protesters took the issue to court, and finally, the city of Montgomery made the segregation of public transportation illegal. It was a victory that spurred King and other African American civil rights leaders on, inspiring them to take on nationwide campaigns against racism.

In 1957, King co-founded the Southern Christian Leadership Conference (SCLC) to organize communities across the nation in their fight for civil rights. In 1958, the SCLC organized meetings in twenty southern cities to help African Americans register to vote. In 1960, African American students in the south started the "sit-in" movement, where they sat at tables in restaurants that were for white customers only. King encouraged the students' nonviolent protests, and he joined a sit-in at a lunch counter in Atlanta. King was

マーティン・ルーサー・キング Jr.

　バス・ボイコットをするにあたって、キングは抗議者グループを前に演説し、すべての人が平和的に抗議するよう訴えた。抗議者たちは、いかなる屈辱や、嫌がらせや、体罰さえ受けたとしても、暴力を使わないと誓った。キングとそのよき助言者たちは、マハトマ・ガンディーの平和的抗議運動に感化されていたのだ。こうした非暴力による不服従がアメリカを変えられると彼らは信じていた。

　キングの指導の下、バス・ボイコットは382日間続いた。このボイコットに参加したアラバマ州モンゴメリーのアフリカ系アメリカ人は、徒歩で職場に通った。抗議者たちは絶えず嫌がらせを受け、脅され、殴られることさえあったが、平和実現への決意が揺らぐことはなかった。そこで当の問題を法廷に持ち込み、ついにモンゴメリー市は、公共交通機関の人種隔離は違法との判断を下した。その勝利に、キングを始めとしたアフリカ系アメリカ人の公民権運動指導者たちは励まされ、人種差別に対する全国的規模の運動をいっそう進めようとの思いに駆られた。

　1957年、キングは、公民権のために戦っていくにあたって国中に共同体を組織しようと、南部キリスト教徒指導者会議（SCLC）を共同で結成した。1958年、南部キリスト教徒指導者会議は、アフリカ系アメリカ人の選挙登録を支援するために南部20都市で会を組織した。1960年、南部のアフリカ系アメリカ人学生たちが、レストランで白人専用席に座る「シット・イン（座り込み）」運動を始めた。キングは学生の非暴力抗議運動を奨励し、アトランタの軽食スタンドでのシット・インに参加した。キングは逮捕されたが、

WORDS & PHRASES

■humiliation 名屈辱　■mentor 名よき助言者　■intimidate 動〜を脅す、怖がらせる　■co-found 動（会社などを）共同設立する

arrested, but the sit-ins became popular nationwide. It led to the desegregation of restaurants in many states.

By 1963, King had gained nationwide fame, and he helped plan the "March on Washington," a demonstration to call the federal government's attention to race in America. On August 28, 1963, more than 200,000 people gathered at the Lincoln Memorial in Washington, D.C., and Martin Luther King, Jr., delivered his "I Have a Dream" speech. The massive, widely publicized demonstration led to the nation's questioning of racist policies and to the Civil Rights Act of 1964. This act allowed the federal government to make segregation illegal throughout the nation.

King was awarded the Nobel Peace Prize in 1964 for his use of nonviolent protest to affect real, nationwide change. However, the United States still had a long way to go before equality was practiced in all communities. King began to take on poverty as a public issue, and he spoke out against the Vietnam War. Although he felt he had so much more work to do, he was already running out of time.

In 1968, King made his last speech. He addressed a group gathered at a church in Memphis, Tennessee. Then, on April 4, 1968, Martin Luther King, Jr., was shot and killed on the balcony of the Lorraine Hotel in Memphis. The shooter, James Earl Ray, was found guilty of murder and spent the rest of his life in prison.

マーティン・ルーサー・キング Jr.

シット・インは全国に広まり、その結果、多くの州でレストランでの人種差別が撤廃された。

1963年までにキングは全国的な名声を得ていて、「ワシントン行進」の計画に尽力した。アメリカの人種問題に連邦政府の注意を喚起するためのデモだ。1963年8月28日、20万人以上の人がワシントンD.C.のリンカーン記念堂に集まり、マーティン・ルーサー・キング・ジュニアは「私には夢がある」スピーチをした。この広く報じられた大規模デモのおかげで、全国民が人種差別政策を疑問視するようになり、1964年には公民権法が成立した。この法律によって、連邦政府は、全国各地で人種隔離を違法とすることができるようになった。

キングは、非暴力抗議運動を用いて全国規模の真の変革に貢献したことで、1964年にノーベル平和賞を受賞した。だが、あらゆる社会で平等が実践されるまでには、アメリカ合衆国はまだ長い道のりを進まなければならなかった。キングは公的な問題として貧困を取り上げるようになり、ベトナム戦争反対を唱えた。こなすべき仕事がまだ多くあると感じていたが、キングにはもはや時間があまり残されていなかった。

1968年、キングは、テネシー州メンフィスの教会に集まった人たちに向けて、人生最後となるスピーチをした。その後、1968年4月4日、マーティン・ルーサー・キング・ジュニアは、メンフィスのロレイン・ホテルのバルコニーで射殺された。銃撃犯のジェイムズ・アール・レイは殺人罪で有罪となり、刑務所で残りの人生を過ごした。

WORDS & PHRASES

■desegregation 图人種差別の撤廃　■race 图人種　■publicize 動〜を公にする　■speak out against 〜を声高に反対する

The assassination caused mass race riots across the United States. On April 7, President Lyndon B. Johnson declared a day of mourning for Martin Luther King, Jr. The United States created a national holiday in honor of King, and today, many streets, civic buildings, schools, and public spaces are named after Martin Luther King, Jr. His legacy lives on, and he continues to be one of the most respected leaders in American history.

マーティン・ルーサー・キング Jr.

　その暗殺は全米に大規模な人権暴動を引き起こした。4月7日、リンドン・B・ジョンソン大統領は、マーティン・ルーサー・キング・ジュニアのために1日の喪に服すことを宣言した。合衆国はキングに敬意を表して国民の休日を制定し、今日でも、通り、公営の建物、学校、公共の場の多くは、マーティン・ルーサー・キング・ジュニアにちなんで名づけられている。彼の残したものは今後も生き続け、キングはアメリカ史上もっとも尊敬される指導者のひとりであり続けるだろう。

WORDS & PHRASES
■riot 名暴動　■legacy 名遺産

Words and Phrases スピーチを読み解く鍵

p.76(1) **Five score years ago, a great American, in whose symbolic shadow we stand today, signed the Emancipation Proclamation.**
100年前、我々が今日その像の下に立っている、ある偉大な
アメリカ人が奴隷解放宣言に署名しました。

　「ある偉大なアメリカ人」はもちろんリンカーン大統領を表していて、この演説はリンカーンの大きな像がある「リンカーン記念館」前で行われたので"in whose symbolic shadow we stand today"という言葉になっています。
　score は文字通り「得点・スコア」という意味が一般的ですが、実は古い表現で「20」を表す言い方もあります。「5×20」年つまり100年前ということになります。なぜキング牧師が、"one hundred years ago"ではなく、このような古めかしい言い回しをしているかというと、この本にも収録されているリンカーン大統領がゲティスバーグ演説の冒頭で"Four score and seven years ago"と述べているからでしょう。それをあえて踏襲したものと思われます。
　ちなみにこの日から50年たった2013年8月28日、ワシントン大行進から50年を記念する式典で演説したオバマ大統領は演説の本文を、"Five decades ago today,"と始めています。decadeは「10年」という意味です。Five で始めているあたり、もしかしたら合衆国初の黒人大統領も、偉大な先人の演説を踏襲したのかもしれませんね。

p.78(2) **~ we've come to our nation's capital ...**
私達はこの国の首都にやってきました……

　we've は we have の省略形です。ガンディーの解説で触れた現在完了形が用いられています。"have come to ～"で「～へやってきた」という意味ですが、先に解説したとおり完了形は「過去から現在までの行動を述べる」表現ですから、キング牧師のこの台詞にはここに至る

までの時間的長さを感じることができます。
例文で説明してみましょう。

(現在形)　I live in Tokyo.
私は東京に住んでいます。

(現在完了形)　I have lived in Tokyo for 10 years.
私は東京に10年住んでいます。

例文のとおり、「過去から今までの時間」を表現するのに完了形はぴったりの表現です。
1950年代に入ってから、黒人達の公民権運動が盛り上がりを見せ始めます。バスボイコット事件に代表されるような様々な事件を経て、政府そして国外にも公民権運動のアピールをするために企画されたのが「ワシントン大行進」です。
公民権運動が始まってからこの日まで、そして企画されてから実施までの時間的長さと苦労がこの "we've come（私達はやってきた）" という完了形表現に込められているようです。何気ない一言のように思えて、中身の深い一言です。

p.80(3) **~ have come to realize that their destiny is tied up with our destiny.**
（白人の兄弟達も）彼らの運命が私達の運命と結びついていることに気づいたのだ。

come to ~で「~するようになる」の意味です。have come to ~と完了形になっていることに注意して下さい。上述のとおり「時間をかけてそうなった」という完了形がもつニュアンスを感じていただきたいと思います。
their destinyは「白人の運命」、our destinyは「黒人の運命」を意味します。その言葉からもわかるように、マンデラ、ガンディーと同様にキング牧師も暴力や憎しみでは問題が解決しないことを悟っていました。

どちらが先に降伏するか、という争いではなく両者の融和こそが恒久的な問題の解決につながることの大切さを私達は学ばなければいけません。

p.82(4) I have a dream ~
私には夢がある……

　解説は要らないでしょう。私達英語を学ぶ者にとって、そして世界に貢献しようという者にとってこの言葉が持つ力を感じ取りたいものです。

リンカーン記念館前のキング牧師が演説した場所には"I HAVE A DREAM"という文字が刻まれている。静かに歴史を変えた言葉を後世に伝えている。

I HAVE A DREAM
MARTIN LUTHER KING JR
THE MARCH ON WASHINGTON
FOR JOBS AND FREEDOM
AUGUST 28 1963

（写真撮影　出水田）

マーティン・ルーサー・キング Jr.

背景解説

現代アメリカの価値を作った
キング牧師

　アメリカのオフィスを訪ねると、ほとんどのオフィスの壁に、「雇用や昇進、研修などの活動において、人を国籍、肌の色、性別、障害の有無、宗教、年齢などで差別してはならない」という文章が貼られています。

　これは雇用機会均等法の条文で、州によって多少の違いはあるものの、アメリカの職場での大原則として、遵守が求められているのです。

　この雇用機会均等法の背景にある法律が、公民権法です。

　公民権法は、人が人に対して差別をすることを堅く禁じた法律です。今、世界の中で、これほど公民権法が徹底されている国は、アメリカを除けばほとんどありません。それでも差別は横行しているというコメントは聞かれるものの、少なくとも法律によって、人権の中でも最も大切な概念として差別の撤廃が謳われ、具体的にそれが規定されていることは事実なのです。

　この雇用機会均等法や、その背景にある公民権法の制定に直接強い影響を与えたのが、マーティン・ルーサー・キング・ジュニア牧師だったのです。

　言葉を変えれば、彼はアメリカでの黒人系の人々への差別の撤廃を訴えながら、その延長として、より普遍的なあらゆる人の間での差別の撤廃という考え方を社会に植え付けていったのです。

　このことが原点となり、今日本でも、そして世界中で、差別とは何かというテーマでさまざまな規定がつくられ、さらに多くの議論がなされています。例えば、性に対する差別を例にとれば、男女という性別の違いによる差別をしてはならないという考えが原点にあり、その延長線上にセクシャルハラスメントなどへの厳しい対応や、朝夕の通

背景解説

勤電車での女性専用車の設定などに至るまで、さまざまな条例や制度へと発展していったのです。

　加えて、性についての差別をみるなら、同性愛者に対して他の人と平等に対応することや、性同一性障害への理解など、さらに幅広い課題への対応に人々は取り組もうとしています。

　キング牧師は、マハトマ・ガンディーの非暴力、不服従という抗議行動を明らかに参考にしながら、1950年代から60年代にはまだ横行していた黒人系の人々への差別に対して、その撤廃を求め立ち上がりました。そして、その発想は、本書でも取り上げている、ネルソン・マンデラへと受け継がれ、南アフリカ共和国で黒人への差別が撤廃されたとき、人権を回復した黒人が白人へ復讐することを、これも差別であると戒めたのです。

　つまり、差別の撤廃とは、例えば黒人系の人々の問題ではなく、人類普遍の課題なのです。そのことを、キング牧師は公民権運動を通じ、50年代から60年代にかけて、アメリカのみならず、全世界に向けて訴えていったのです。

　言い換えれば、彼の説いた公民権とは何かというテーマさえ掘り下げれば、より平等で、人を大切にした社会づくりへの大きなヒントを得ることができるのです。

　差別の撤廃という永遠のテーマを考えるとき、キング牧師が指導した公民権運動を振り返ってみれば、60年近く前になろうとしている彼の活動が、現在でもきわめて新しく、人々が交流する基本的なマナーとして息づいていることに気付くはずです。

Tenzin Gyatso,
His Holiness the Fourteenth Dalai Lama

テンジン・ギャツォ
ダライ・ラマ法王14世

Excerpts from Tenzin Gyatso's Nobel Prize acceptance speech
given at the University of Oslo, Norway, on December 10, 1989

I feel honored, humbled and deeply moved that you should give this important prize to a simple monk from Tibet. I am no one special. But, I believe the prize is a recognition of the true values of altruism, love, compassion and nonviolence which I try to practice, in accordance with the teachings of the Buddha and the great sages of India and Tibet.

I accept the prize with profound gratitude on behalf of the oppressed everywhere and for all those who struggle for freedom and work for world peace. I accept it as a tribute to the man who founded the modern tradition of nonviolent action for change—Mahatma Gandhi—whose life taught and inspired me. And, of course, I accept it on behalf of the six million Tibetan people, my brave countrymen and women inside Tibet, who have suffered and continue to suffer so much. They confront a calculated and systematic strategy aimed at the destruction of their national and cultural identities.

ダライ・ラマ法王14世

テンジン・ギャツォのノーベル賞受賞講演からの抜粋

1989年12月10日、ノルウェーのオスロ大学にて

　皆様がこの価値ある賞をチベットの一介の僧侶に授けてくださることに対し、私は光栄に感じ、恐縮するとともに深く感動しております。私は、決して特別な人間ではありません。それでもこの賞をいただけたのは、ブッダと、インドやチベットの偉大な聖人たちの教えに従って、私が実践しようとしている利他の精神、愛、慈悲、非暴力の真価が認められた結果だと思います。

　世界各地で虐げられている人々に代わり、また、自由を求めて戦い、世界平和のために尽力しているすべての人たちのために、私は深い感謝の念をもってこの賞をお受けします。そして、非暴力的活動をもって変革を目指すという現代の伝統を築いた人物、マハトマ・ガンディーに敬意を表してこの賞をお受けします。私はガンディーの生き方から学び、インスピレーションを得たのです。そしてもちろん、600万のチベット人、つまり、昔も今も多くの苦しみを味わい続けてきた、チベット本土の勇敢なるわが同胞に代わってこの賞をお受けします。彼らは、チベットの民族的・文化的アイデンティティーを破壊しようとする計画的・組織的戦略に立ち向かっ

WORDS & PHRASES

■altruism 名利他の精神　■sage 名聖人　■profound 形深い、心の底からの
■calculated 形計画的な

Excerpts from Tenzin Gyatso's Nobel Prize acceptance speech given at the University of Oslo, Norway, on December 10, 1989

The prize reaffirms our conviction that with truth, courage, and determination as our weapons, Tibet will be liberated.

No matter what part of the world we come from, we are all basically the same human beings. We all seek happiness and try to avoid suffering. We have the same basic human needs and concerns. All of us human beings want freedom and the right to determine our own destiny as individuals and as peoples. That is human nature.

The suffering of our people during the past forty years of occupation is well documented. Ours has been a long struggle. We know our cause is just. Because (1)violence can only breed more violence and suffering, our struggle must remain nonviolent and free of hatred. We are trying to end the suffering of our people, not to inflict suffering upon others.

(1) → see page 124

ダライ・ラマ法王14世

ています。この賞を受けて、われわれは、真実、勇気、決断力を武器に掲げれば、チベットは解放されるだろうと改めて確信しております。

　世界のどの地域の人であろうと、われわれは皆、基本的に同じ人間です。幸福を求め、苦しみを避けようと努めます。同じような人間の基本的要求や関心を持っています。われわれ人間は皆、自由や、自らの運命を決める権利を個人としても民族としても求めています。これが人間の本質なのです。

　過去40年にわたる占領期間中にわが民族が味わった苦痛は、文書に十分記録されています。それは長い戦いでした。われわれの主張が正当なものであると確信しています。暴力はさらなる暴力と苦しみを生むだけですから、われわれの戦いは非暴力を貫き、憎しみとは無縁なままでなければなりません。われわれは、他の民族に苦しみを与えることなく、わが民族の苦しみを終わらせようとしているのです。

WORDS & PHRASES

■reaffirm 動 再確認する　■liberate 動（社会的、身体的に）解放する　■cause 名（物事を引き起こす）動機、目的　■just 形 正当な　■inflict 動（嫌なことを）負わせる、与える

Excerpts from Tenzin Gyatso's Nobel Prize acceptance speech given at the University of Oslo, Norway, on December 10, 1989

Any relationship between Tibet and China will have to be based on the principle of equality, respect, trust, and mutual benefit. It will also have to be based on the principle which the wise rulers of Tibet and of China laid down in a treaty as early as 823 AD, carved on the pillar that still stands today in front of the Jo-khang, Tibet's holiest shrine, in Lhasa, that "Tibetans will live happily in the great land of Tibet, and the Chinese will live happily in the great land of China."

ダライ・ラマ法王14世

　チベットと中国の関係は、いかなるものであろうと、平等、尊敬、信頼、相互利益の原則に基づかなければならないでしょう。それは、チベットや中国の賢明なる指導者たちが、西暦823年のはるか昔に結んだ条約で定めた原則に基づくものでもあるべきです。その条約は、ラサにある、チベットでもっとも神聖な寺院、ジョカン寺院の正面に今なお立っている石柱に刻まれていて、「チベット人はチベットの大地で幸せに暮し、中国人は中国の大地で幸せに暮すこと」とあります。

WORDS & PHRASES

■mutual 形相互の　■ruler 名指導者　■lay down（法律などを）制定する
■carve 動彫る、彫刻する　■pillar 名柱

Excerpts from Tenzin Gyatso's Nobel Prize acceptance speech given at the University of Oslo, Norway, on December 10, 1989

As a Buddhist monk, my concern extends to all members of the human family and, indeed, to all sentient beings who suffer. ⁽²⁾I believe all suffering is caused by ignorance. People inflict pain on others in the selfish pursuit of their happiness or satisfaction. Yet true happiness comes from a sense of inner peace and contentment, which in turn must be achieved through the cultivation of altruism, of love and compassion and elimination of ignorance, selfishness, and greed.

The problems we face today, violent conflicts, destruction of nature, poverty, hunger, and so on, are human-created problems which can be resolved through human effort, understanding and the development of a sense of brotherhood and sisterhood. We need to cultivate a universal responsibility for one another and the planet we share. Although I have found my own Buddhist religion helpful in generating love and compassion, even for those we consider our enemies, I am convinced that everyone can develop a good heart and a sense of universal responsibility with or without religion.

(2) → see page 124

ダライ・ラマ法王14世

　仏教僧侶として私は、全人類ばかりか、苦しんでいる生きとし生けるものすべてにまで関心を払っています。あらゆる苦しみは無知から生じるものだと思います。人々は自らの幸福や満足を身勝手に追求して、他人に苦痛を与えています。しかし真の幸福は、内面の安らぎと満足を感じる心から生まれるのです。そしてこうした心はまた、利他の精神、愛、慈悲の心を育み、無知、利己心、欲望を排除することによって身につけるべきものなのです。

　今日われわれが直面している、武力衝突、自然破壊、貧困、飢えといった諸問題は、人間が自ら生み出したものであって、人的努力や相互理解、そして人類愛を育むことによって解決できます。われわれは、お互いに対して、また、共有しているこの地球に対しても、普遍的な責任感を養う必要があります。仏教を信じれば、敵と見なしている人たちに対してすらも、愛や慈悲の心を抱けるようになると常々思ってきましたが、信仰の有無にかかわらず、誰でも善良な心や普遍的責任感を育むことができるものと私は確信しています。

WORDS & PHRASES

■all sentient beings 生きとし生けるもの　■elimination 图排除　■greed 图強欲　■cultivate 動養う　■generate 動〜を生む、引き起こす

Excerpts from Tenzin Gyatso's Nobel Prize acceptance speech given at the University of Oslo, Norway, on December 10, 1989

With the ever-growing impact of science on our lives, religion and spirituality have a greater role to play by reminding us of our humanity. There is no contradiction between the two. Each gives us valuable insights into the other. Both science and the teachings of the Buddha tell us of the fundamental unity of all things. This understanding is crucial ⁽³⁾if we are to take positive and decisive action on the pressing global concern with the environment. I believe all religions pursue the same goals, that of cultivating human goodness and bringing happiness to all human beings. Though the means might appear different the ends are the same.

As we enter the final decade of this century I am optimistic that the ancient values that have sustained mankind are today reaffirming themselves to prepare us for a kinder, happier twenty-first century.

I pray for all of us, oppressor and friend, that together we succeed in building a better world through human understanding and love, and that in doing so we may reduce the pain and suffering of all sentient beings.

(3) → see page 126

ダライ・ラマ法王14世

　科学がわれわれの生活にいっそう大きな影響を及ぼすようになるにつれ、人間性を呼び起こすにあたって、宗教や霊的なものの果たす役割は大きくなってきました。この両者、科学と宗教の間に矛盾はありません。それぞれがお互いに対する貴重な洞察をわれわれに与えてくれるのです。科学もブッダの教えも、万物が根本的にはひとつであることを説いています。環境に対する差し迫った世界的関心から、われわれが積極的で断固たる行動を取るつもりなら、こうした概念を理解する必要があります。どの宗教も目指している目標は同じで、人間の善良さを育み、あらゆる人間に幸福をもたらすことだと私は信じています。手段は異なるように見えても、目的は同じなのです。

　今世紀最後の10年間に入るところですが、人類を支えてきた古来の価値観が今になって再び認められ、われわれがいっそう思いやりある幸せな21世紀を迎えられるだろうと私は楽観視しています。

　圧政者も友人も、皆さんのために、私は祈ります。われわれが共に、人間を理解し愛することによって、よりよき世界を築くことができますように。またそうすることで、生きとし生けるものの苦痛を和らげてあげられますように。

WORDS & PHRASES

■contradiction 名矛盾　■crucial 形極めて重要な　■decisive 形断固とした
■optimistic 形楽観的な

Tenzin Gyatso
His Holiness the Fourteenth Dalai Lama
Born July 6, 1935 in Taktser, Tibet

The Dalai Lama is the supreme spiritual leader of Tibetan Buddhism. He is believed to be reborn over and over throughout history. So far there have been fourteen Dalai Lamas, and today, His Holiness lives in the form of the Fourteenth Dalai Lama Tenzin Gyatso, who lives in exile from Tibet. His Holiness has devoted his life to promoting peace, understanding, and compassion throughout the world, as well as defending the liberty and rights of Tibetans. Although he calls himself a simple Buddhist monk, the Dalai Lama is a role model of compassion and peaceful activism to many people around the world.

Tenzin Gyatso was born on July 6, 1935, in a small farming community called Takster in Amdo Province in northeastern Tibet. His parents named him Lhamo Dhondup, which means "wish-fulfilling goodness." He had four brothers and two sisters.

Young Lhamo lived just like any other Tibetan boy at the time, following his parents and siblings around the house. However, people also noticed that he showed signs of greatness. For example, before Lhamo was

ダライ・ラマ法王14世

ショートバイオ

ダライ・ラマ法王14世

1935年7月6日、
チベットのタクツェルに生まれる。

　ダライ・ラマはチベット仏教の最高宗教指導者であり、歴史を通じて何度も生まれ変わると信じられている。これまでダライ・ラマは14人いたが、現在の法王は、ダライ・ラマ14世、テンジン・ギャツォとして生きていて、チベットを離れ亡命生活を送っている。法王は、チベット人の自由や権利を守ることばかりか、世界中に平和、理解、慈悲の心を促進することに生涯を捧げてきた。ダライ・ラマは自らを一介の仏教僧だと称するが、世界中の多くの人にとって慈悲と平和的活動のロールモデルとなっている。

　テンジン・ギャツォは、1935年7月6日、チベット北東部のアムド地区にあるタクツェルという小さな農村に生まれた。「願いをかなえてくれる神」を意味する、ラモ・ドンドゥプと両親に名づけられ、4人の兄弟と2人の姉妹がいた。

　幼いラモは、家の周りで両親や兄弟について回り、当時の他のチベット人少年と同じように暮らしていた。だが、将来は立派になりそうな兆しを見せているのに気づく人たちもいた。たとえば、

WORDS & PHRASES

■supreme　形 最高位の　■so far　これまでのところ　■His Holiness　法王、聖下《法王の尊称》

born, his father fell very ill and could not get better. As soon as Lhamo was born, his father began to recover. Lhamo also always insisted on sitting at the head of the table, the place reserved for respected people and guests of honor. He also liked to play a game where he packed a bag and pretended to go to Lhasa, the home of the Potala Palace, where the Dalai Lama has traditionally lived for centuries.

In 1933, the thirteenth Dalai Lama passed away, and the senior monks at Potala Palace began the search for the next Dalai Lama. There were several clues: for example, when the dead body of the Dalai Lama was laid out, his face moved from facing south to facing northeast. The monks took this to mean that the next Dalai Lama was somewhere in the northeast. Then, one day, a senior monk had a vision. He saw the Tibetan letter *Ah* and a three-story monastery with a blue and gold roof. Beside the monastery was a path running up a hill to a house with strange gutters. The senior monk was sure that the letter *Ah* stood for Amdo, the northeast province of Tibet. He took a search party there to find the next Dalai Lama.

Eventually, the search party came across the three-story monastery, and they followed the path that ran up a hill. There, they saw a house with strange gutters, and inside, they found little Lhamo Dhondup, who was only two years old.

ダライ・ラマ法王14世

　ラモが生まれる前、父親は重病にかかり、いっこうに回復できずにいた。ところがラモが生まれるとすぐに、快方に向かい始めた。また、ラモは決まって、尊敬される人たちや大切な客のために取ってある、テーブルの上座に座りたいと言って聞かなかった。荷物をかばんに詰めてラサに行く、「ごっこ遊び」をするのも好きだった。ラサは、歴代のダライ・ラマが数世紀にわたって暮らしていたポタラ宮のある地だ。

　1933年、ダライ・ラマ13世が逝去すると、ポタラ宮の高僧たちは次のダライ・ラマを探し始めた。手がかりはいくつかあった。たとえば、ダライ・ラマの遺体が安置されると、南を向いていた顔が北東に向きを変えた。僧侶たちは、次のダライ・ラマは北東のどこかにいるという意味だと解釈した。それからある日、高僧のひとりが幻影を見た。Ahというチベット文字と、青と金の屋根のある3階建ての僧院を見たのだ。僧院のそばでは、1本の道が丘を上っていて、奇妙な樋のある家へと続いていた。その高僧は、Ahという字は、チベットの北東部にあるAmdo（アムド）を略したものだと確信した。そこで次のダライ・ラマを見つけるべく、捜索隊を引き連れて出かけた。

　ついに捜索隊は3階建ての僧院を見つけ、丘を上る道をたどっていった。一行はそこで奇妙な樋のある家を目にし、中に入ると、ほんの2歳の幼いラモ・ドンドゥプを見つけた。

WORDS & PHRASES

■clue 名手がかり　■letter 名文字　■story 名（建物の）階　■monastery 名僧院、修道院　■gutter 名雨樋　■come across 〜を見つける

The monks had Lhamo go through a series of tests to see if he really was the next Dalai Lama. They arranged some objects in front of him, some of which were the last Dalai Lama's possessions, and some that looked similar but were ordinary. Every time, Lhamo would point out the object that belonged to the thirteenth Dalai Lama and say, "It's mine! It's mine!" The monks knew then that they had found their next spiritual leader.

When Lhamo was four years old, he was taken to Potala Palace and placed on the Lion throne, where he was declared the fourteenth Dalai Lama. He was given a new name, Jamphel Ngawang Lobsang Yeshe Tenzin Gyatso. His new name honored many of the Dalai Lamas who had come before him. However, he has always used the shortened form, Tenzin Gyatso.

When His Holiness was six years old, he began his education as the future leader of Tibet. He studied day and night under the guidance of senior monks and advisors, and when he was twenty-three years old, he passed his final exam with honors. He received the highest degree in Tibetan Buddhist education—the Geshe Lharamapa, a doctoral degree in Buddhist philosophy.

However, while the Dalai Lama was getting his education, Tibet was thrown into crisis. When the Dalai Lama was fourteen years old, China invaded Tibet and a war began on the eastern border. The Chinese, led

ダライ・ラマ法王14世

　僧侶たちは、ラモが本当に次のダライ・ラマであるか確かめようと、一連のテストを試みた。ラモの前にいくつか物を並べてみたのだが、その一部は故ダライ・ラマの遺品で、残りは本物と似ていたとはいえ、ありふれたものだった。何度試みてもそのたびに、ラモはダライ・ラマ13世の遺品を指差しては、「それ、ぼくのだ！　ぼくのだよ！」と言った。そのとき僧侶たちは、次の宗教指導者を見つけたと知った。

　4歳になると、ラモはポタラ宮に連れて行かれ、獅子の宝座に座らせられると、ダライ・ラマ14世だとの認定を受けた。新しい名前を授けられたが、それはジャンペル・ガワン・ロサン・イシ・テンジン・ギャツォといって、歴代のダライ・ラマの多くに敬意を表するものだった。だが彼は常に省略したテンジン・ギャツォという名を使ってきた。

　法王は6歳のころ、チベットの将来の指導者としての教育を受け始めた。日夜、高僧や教官の指導の下、学び続け、23歳になると、優秀な成績で最終試験に合格し、チベットの仏教教育で最高の学位を授かった。仏教哲学の博士号であるゲシェー・ラランパだ。

　だがダライ・ラマが教育を受けているあいだ、チベットは危機に陥っていった。ダライ・ラマが14歳になると、中国がチベットに侵入し、東の国境で戦争が始まった。毛沢東の率いる中国軍は、自

WORDS & PHRASES

■possession 名 所有物　■throne 名 玉座　■invade 動 侵攻する

by Mao Zedong, said that they had come to free Tibet from imperialist rule. However, none of the Tibetans felt that they needed saving—nor that they lived under imperialist rule. They lived by the guidance of the Dalai Lama, whom they loved and respected.

According to tradition, the Dalai Lama is also the political leader of Tibet, and once the Chinese invaded, the people of Tibet needed strong political guidance. Many thought His Holiness was still too young to lead the country, so they asked an oracle if Tenzin Gyatso was ready to lead. The oracle laid a white scarf on the young Dalai Lama's knees with the words "His time has come" written on it. So, on November 17, 1950, at only fifteen years old, Tenzin Gyatso was enthroned as the leader of the people and the government of Tibet. He would now try to lead his six million countrymen as best as he could.

The first thing the new Dalai Lama did was to appoint two prime ministers. In Tibet it is tradition to choose one monk and one layperson as the two prime ministers. With that done, he had a meeting with his top officers and government workers. They decided to send Tibetan messengers to other countries to ask for help. They sent men to America, Great Britain, and Nepal. They also decided to send an officer to China to ask them to leave Tibet. Finally, they decided the Dalai Lama should move out of Lhasa and into the south to keep him safe from Chinese attacks.

ダイ・ラマ法王14世

　分たちはチベットを帝国主義支配から解き放つために来たと言った。ところが、救われることを必要とし、帝国主義支配下で生活していると思っているチベット人は、誰ひとりとしていなかった。愛し尊敬するダライ・ラマに導かれて暮らしていたのだ。

　伝統により、ダライ・ラマはチベットの政治的指導者でもあるが、ひとたび中国が侵入すると、チベット人たちは強い政治的指導を必要とした。法王はまだ若すぎて国を導けないと多くの人が思ったので、テンジン・ギャツォは導ける用意ができているか、彼らは神託官に尋ねた。神託官は若いダライ・ラマの膝に「彼の時は来た」と書かれた白いスカーフを置いた。そこで1950年11月17日、弱冠15歳にして、テンジン・ギャツォは、チベットの国民と政府の指導者として全権を託された。今や、最善を尽くして600万の同胞たちを率いる覚悟でいた。

　新生ダライ・ラマがまず取り掛かったのは、2人の首相を任命することだった。チベットでは、僧侶と平信徒からひとりずつ、首相を選ぶのが伝統になっている。それを終えると、最高将校と政府職員と会談した。そこで彼らは支援を請うために他国にチベットの使者を送ることに決めた。アメリカ、英国、ネパールに使者を送ったのだ。また、チベットから出ていくよう頼むために中国に将校ひとりを送ることにした。最終的に、ダライ・ラマをラサから南部へと逃れさせ、中国の攻撃から守ることも決めた。

WORDS & PHRASES

■oracle 名神託、神託官　■enthrone 動～を王位に就かせる、即位させる
■layperson 名俗人、専門家でない人

In 1954, the Dalai Lama went to China to discuss peace with Mao Zedong and other Chinese leaders. However, the talks went nowhere. By April of 1959, Tibet was under Chinese military rule and Lhasa, the capital city and home of Potala Palace, was bombed. It was clear that Tibet was no longer safe for the Dalai Lama. His Holiness was forced to escape on foot under the cover of night. He has not been able to return to his homeland ever since.

The Dalai Lama was granted asylum in Dharamsala, India, which has now come to be called "Little Lhasa." He continued to study Buddhist philosophy, thought, and practice. He never stopped working and fighting for the freedom and independence of Tibetans. Throughout the years and in all his actions, the Dalai Lama has always promoted non-violent activism. Because of this, he became an international icon for peace and freedom.

In 1987, the Dalai Lama won the Albert Schweitzer Humanitarian Award, a prestigious international award. Two years later, he won the Nobel Peace Prize.

After years of studies, the Dalai Lama is now a great scholar. He has written many books and travels around the world to make speeches. He talks about how all religions are similar in their focus on compassion, love, and the pursuit of goodness. He is respected not just as a Buddhist, but as a world leader and peace activist. Many of his thoughts and writings are considered to be universal messages.

ダライ・ラマ法王14世

　1954年、ダライ・ラマは中国に赴き、毛沢東ら中国の指導者たちと和平に向けて話し合った。だが話し合いは暗礁に乗り上げた。1959年4月までには、チベットは中国の軍事支配下に置かれ、首都であり、ポタラ宮の地であるラサが爆撃を受けた。チベットがダライ・ラマにとってもはや安全でないのは明らかだったので、法王は夜の闇にまぎれて徒歩で逃げざるをえなかった。以来、故国に戻ることができないままだ。

　ダライ・ラマはインドのダラムシャラーへの亡命が認められ、今ではその地は「リトル・ラサ」と呼ばれるようになった。ダライ・ラマは仏教の哲学、思想、実践論を学び続け、チベット人の自由と独立のために活動し戦うことを決してやめなかった。長年にわたり、一切の活動において、常に非暴力による活動を推し進めた。このために平和と自由の国際的な象徴となった。

　ダライ・ラマは、1987年には、権威ある国際的な賞であるアルベルト・シュバイツァー人道賞を、その2年後にはノーベル平和賞を受賞した。

　長年にわたって勉学を続けた結果、ダライ・ラマは今では偉大な学者である。多くの書物を著し、スピーチをするために世界中を回り、すべての宗教が、慈悲、愛、善の追求を重視する点でいかに似ているかについて語っている。仏教徒としてばかりか、世界的指導者や平和活動家として尊敬されており、彼の思想や書物の多くは普遍的なメッセージだと考えられている。

WORDS & PHRASES

■go nowhere　暗礁に乗り上げる　■under cover of night　闇に紛れて　■grant　動（要請などを）許可する　■asylum　名亡命　■prestigious　形権威のある

英語解説 *Words and Phrases* スピーチを読み解く鍵

p.106(1) **violence can only breed more violence and suffering,**
暴力はさらなる暴力と苦しみを生み出すだけです。

breedは「〜を生む」「〜を繁殖させる」「〜を引き起こす」という意味の動詞です。

Success breeds success.
成功は成功を生む。

特に難しい表現ではありませんが、力や武力で問題の解決を図っても根本的な解決にはならないと主張している点がこの本に紹介されている偉人に共通していると思い取り上げました。

この本を手に取られた方の中には、将来国家を背負ったり世界中の弱い立場に置かれた方々のために活躍したい、という希望を持って日々学んでおられる方もいらっしゃることでしょう。人々の幸福のために何が必要なのか、偉大な先人の言葉から共に学んでいただきたいと願っています。

p.110(2) **I believe all suffering is caused by ignorance.**
私は全ての苦しみは無関心から引き起こされると信じている。

believeの後ろに接続詞that「〜ということ」が省略されています。

People believed that the earth was flat.
人々は地球が平らだと信じていた。

関係代名詞thatもあるのでややこしいです。私は授業では生徒に「thatは"それ"っていう意味だよね？ 聞き手に"それだよ"と後ろの文を示して導いてあげるイメージで読んでみよう」と教えています。

ダライ・ラマ法王14世

People believe　　　　　/ that　 / the earth was flat.（接続詞）
人々は〜を信じていました / それ　/ 地球が平ら

He is the only person / that　　　/ can do the job.（関係代名詞）
彼は唯一の人間　　　　/ それ（誰）/ その仕事ができる

　先に解説したように英文は頭からかたまりでとらえていくことが重要です。会話やリスニングでは「返り読み」はできませんからね。
　その際にthatはやはり「それ」という意味で、「聞き手を"それだよ"と示し導くイメージ」としてとらえることが有効です。関係代名詞that、接続詞thatともに「聞き手の注意を導くイメージ」であることには変わりありません。文法知識は詳しく知っているに越したことはありませんが、大事なのはコミュニケーションの中で使えるということです。英語は生きた人間が使う言葉です。話し手の気持ちになって文法に迫れば理解の幅が広がります。
　さらに表題の文はthatが省略されています。「言わなくても相手に意味が伝わる」からです。これも英文は頭から理解する、を適用すれば難しくはありません。

I believe　　　 / all suffering / is caused　　 / by ignorance.
私は信じている / 全ての苦しみ / は引き起こされる / 無関心によって

　どうです、簡単でしょう！　省略されようがされまいが、英文を英文として英文の順序のまま理解するクセをつけておきましょう。

　表題の文に戻りましょう。この「無関心こそが問題だ」という点は多くの人権活動家が述べていることです。この本の女性版とも言える『英語で聞く世界を変えた女性のことば』（IBCパブリッシング刊）にも同様の言葉が紹介されています。ぜひお読みいただき世界の課題の解決には何が必要なのかを一緒に考えていただきたいと思います。

p.112(3) if we are to take positive and decisive action ...
もし私達が積極的で断固とした行動をとれば…

be to ～で助動詞に似た働きをします。予定（～することになっている）、義務（～しなければならない）、運命（～することになっている）、可能（～できる）などが一般的ですが、表題の文のように条件節で用いられると「意思（～しようとする）」という意味もあります。

If we are to get there by noon, we had better hurry.
もし正午までにそこに着こうとするなら急いだほうがいい。

ダライ・ラマ法王14世

背景解説

政治の狭間におかれ苦悩する
ダライラマ

　チベット仏教の中で最も地位の高いラマとされるダライ・ラマ。その人は観音菩薩の化身ともいわれます。

　そんなダライ・ラマの称号を継承したダライ・ラマ14世がチベットを追われ、インドに政治亡命したのは1959年のことでした。その時点まで、チベットの併合を目論む中国政府との間に数えきれない戦闘があり、数万人のチベット人が殺害されてきたのです。

　ダライ・ラマは、チベットの実質上の元首です。そして、インドへの亡命以来インドにある臨時政府の最高責任者として活動してきました。宗教と政治との分離という近代国家での常識とは違い、仏教的権威者であるダライ・ラマは、世俗の政府の責任者としても機能していたのです。

　ローマ教皇の事例をみてみましょう。現在の教皇フランシスコは、就任のとき出身地のアルゼンチンから多くの人がお祝いに駆けつけてくることを思い、その旅をやめて、かかる費用を貧困に苦しむ人に寄付しなさいと説いたといわれています。宗教的権威を担う指導者の貧困問題への正に宗教的信念からのアプローチです。ダライ・ラマの苦悩はそうした平和的な発言だけではなく、自らを放逐し、自らに従う1000万人近くになろうとするチベット系の人々から政府を奪った中国への闘いを続けなければならないという現実でした。

　中国のチベット侵攻で、その行為自体が西側諸国による共産体制への批判と抗議の対象となりました。また、世界的に拡散したチベットの人々によってチベット仏教も世界に広まり、アメリカなどでは一般市民の間にも浸透しました。

　それは、アメリカで西欧文化一辺倒の生活からの離脱を指向する

背景解説

ニューエイジ関係の人々などに広がりをみせたのです。

　皮肉なことに、チベットが中国という超大国の覇権拡大の犠牲者の象徴として世界に印象づけられるにつれ、こうした世界に拡散したチベット支援者にも支えられた政治活動が、政治家としてのダライ・ラマの印象を強くしていることは事実です。

　チベットの首都ラサに宗教的権威の象徴としてダライ・ラマが戻り、さらに海外に離散したチベット系の難民や亡命者たちが、ダライ・ラマに手を合わせようと、ラサに戻ってくることができる目処はまったくたっていません。

　中国と平和裏に交渉をし、政治的な人物ではなく、宗教的権威としてラサに戻ろうとするダライ・ラマ。その温和な表情に故郷への帰還を夢見るチベット難民からの視線が注がれています。

　最近中国で鬱積するチベット系の人々を中心とする少数民族の、中国政府への不満がさまざまな形で爆発し、暴動や焼身自殺など、さまざまな事件がおきています。中国政府は、そのたびにダライ・ラマの教唆を主張し、激しい非難を繰り返しているのです。政治の狭間におかれたダライ・ラマの苦悩は、まだまだ続きそうです。

Mikhail Gorbachev,

President of the Soviet Union
from 1990 to 1991

ミハイル・ゴルバチョフ
ソビエト連邦大統領

Excerpts from Mikhail Gorbachev's speech to the United Nations (beginning *Perestroika*) on December 7th, 1988

Today we have entered an era when progress will be based on the interests of all mankind. Consciousness of this requires that world policy, too, should be determined by the priority of the values of all mankind.

The history of the past centuries and millennia has been a history of almost ubiquitous wars, and sometimes desperate battles, leading to mutual destruction. They occurred in the clash of social and political interests and national hostility, be it from ideological or religious incompatibility. All that was the case, and even now many still claim that this past—which has not been overcome—is an immutable pattern. However, parallel with the process of wars, hostility, and alienation of peoples and countries, another process, just as objectively conditioned, was in motion and gaining force: The process of the emergence of a mutually connected and integral world.

ミハイル・ゴルバチョフ

ミハイル・ゴルバチョフの国連演説
(ペレストロイカを始めて)
からの抜粋

1988年12月7日

　今日、全人類の利益に基づいて進歩する時代に入ってきました。このことに気づけば、世界の方針も人類の価値観を優先して決めることが求められます。

　過去何百年、何千年にもわたる歴史は、戦争がほぼ至る所で姿を現し、時には激戦が繰り広げられ、ついには共倒れになる歴史でした。そうした状況は、思想や宗教の不一致からばかりか、社会的・政治的利害の衝突や、国家間の対立から起こりました。その間ずっと、そして今でさえ、こうした過去はいまだに克服できていないものであり、今後もくり返されるにちがいないと多くの人から言われています。しかし、民族間・国家間の戦争、憎しみ、疎外のプロセスと並行して、客観的に条件づけられる新たなプロセスも進行しており、盛んになってきました。相互に関連して不可欠な世界が誕生するプロセスです。

WORDS & PHRASES

■millennia 名millennium (千年間) の複数　■ubiquitous 形いたるところに存在する　■incompatibility 名両立し難いこと、不和合性　■immutable 形変わらない、不変の　■objectively 副客観的に

Excerpts from Mikhail Gorbachev's speech to the United Nations (beginning *Perestroika*) on December 7th, 1988

Further world progress is now possible only through the search for a consensus of all mankind, in movement toward a new world order. We have arrived at a frontier at which controlled spontaneity leads to a dead end. The world community must learn to shape and direct the process in such a way as to preserve civilization, to make it safe for all and more pleasant for normal life. It is a question of cooperation that could be more accurately called "co-creation" and "co-development." The formula of development "at another's expense" is becoming outdated. In light of present realities, genuine progress by infringing upon the rights and liberties of man and peoples, or at the expense of nature, is impossible.

ミハイル・ゴルバチョフ

　新世界秩序に向けて進んでいる今、さらに世界が進歩していくには、全人類の総意を模索する必要があります。おのおのが控えめながらも気の向くままに行動していては、行き詰まる辺境にまで達したのです。国際社会は、文明世界を存続させ、万人にとって安全で、日常生活のためにもっと快適になるような方法で、先に述べた新たなプロセスを形づくり管理できるようにならなければなりません。より正確に言えば、「共同の創造」とか、「共同開発」などと呼ばれる連携の問題です。「他人を犠牲にして」まで発展するお決まりの手法は、時代遅れになりつつあります。今日の現実を踏まえると、個人や民族の権利や自由を侵害して、あるいは自然を犠牲にして、本当の進歩を遂げるのは不可能です。

WORDS & PHRASES

- integral 形 不可欠の　　■spontaneity 名 自然にのびのびしていること
- formula 名 常とう手段、慣例となったやり方　　■outdated 形 時代遅れの
- genuine 形 本物の　　■infringe 動 (権利などを) 侵害する

Excerpts from Mikhail Gorbachev's speech to the United Nations (beginning *Perestroika*) on December 7th, 1988

Behind differences in social structure, in the way of life, and in the preference for certain values, stand interests. ⁽¹⁾There is no getting away from that, but neither is there any getting away from the need to find a balance of interests within an international framework, which has become a condition for survival and progress. As you ponder all this, you come to the conclusion that if we wish to take account of the lessons of the past and the realities of the present, if we must reckon with the objective logic of world development, it is necessary to seek—and seek jointly—an approach toward improving the international situation and building a new world. If that is so, then it is also worth agreeing on the fundamental and truly universal prerequisites and principles for such activities. ⁽²⁾It is evident, for example, that force and the threat of force can no longer be, and should not be, instruments of foreign policy.

(1), (2) → see page 148

ミハイル・ゴルバチョフ

　社会構造や生活様式や価値選択の違いを背景にして、利益は存在します。その事実から逃れることはできませんが、かといって、国際的な枠組みの中で利益の均衡を見いだす必要性から逃れることもできません。利益の均衡は存続と進歩のためには必須条件となったのです。このすべてを熟慮してみますと、次の結論に達するでしょう。過去の教訓と現在の実情を踏まえたいなら、世界の発展の客観的論理を考慮するべきなら、国際情勢を改善し、新しい世界を築くことに向けたアプローチを模索する、つまり協力して模索する必要があります。そうだとするなら、そうした活動のためには、根本的で実に普遍的な必要条件や原則に合意する価値もあるというものです。たとえば、軍事力や軍事的圧力はもはや外交政策の手段になれませんし、なるべきでもないのは明らかです。

WORDS & PHRASES

- preference 名 好み、優先傾向　■interest 名 利益　■ponder 動 ～を熟考する
- take account 考慮に入れる、注意する　■reckon with ～を考慮に入れる
- prerequisite 名 必要条件

Excerpts from Mikhail Gorbachev's speech to the United Nations (beginning *Perestroika*) on December 7th, 1988

We are not giving up our convictions, philosophy, or traditions. (3)Neither are we calling on anyone else to give up theirs. Yet we are not going to shut ourselves up within the range of our values. That would lead to spiritual impoverishment, for it would mean renouncing so powerful a source of development as sharing all the original things created independently by each nation. In the course of such sharing, each should prove the advantages of his own system, his own way of life and values, but not through words or propaganda alone, but through real deeds as well. That is, indeed, an honest struggle of ideology, but it must not be carried over into mutual relations between states. Otherwise we simply will not be able to solve a single world problem; arrange broad, mutually advantageous and equitable cooperation between peoples; manage rationally the achievements of the scientific and technical revolution; transform world economic relations; protect the environment; overcome underdevelopment; or put an end to hunger, disease, illiteracy, and other mass ills. Finally, in that case, we will not manage to eliminate the nuclear threat and militarism.

(3) → see page 149

ミハイル・ゴルバチョフ

　われわれは信念も哲学も伝統も捨てようとしてはいません。ましてや、誰かにそうしたものを捨てるように求めてもいません。だからといって、われわれの価値観の枠内に閉じこもろうとしてもいません。そんなことをすれば精神的貧困化につながるでしょう。各国が独自に作り出した独創的なものすべてを分かち合うことは、発展の強力な源ですが、その源を絶つことになるからです。そうした独創的なものを分かち合う過程で、各国は、言葉や宣伝を通じてばかりか、実際の行動によっても、自国のシステムや、生活様式や、価値基準の利点を示さなければなりません。それはたしかにイデオロギーの公正な争いですが、こうした争いは国家間の相互関係にまで持ち込むべきではありません。さもなければわれわれは、たったひとつの国際問題を解決することも、諸国民間において、幅広く、相互に好都合で公平な協力関係を整えることも、科学的・技術的改革を合理的に達成することも、世界の経済関係を変化させることも、環境を守ることも、低開発を打開することも、飢饉、病気、無学、広くはびこっている他の害悪を終結させることも断じてできないでしょう。そうなると、最終的には核の脅威や軍国主義を排除することもできなくなるでしょう。

WORDS & PHRASES

■impoverishment 名 貧困化　■renouncing 動 〜を捨てる、断つ
■advantageous 形 好都合な、有利な　■equitable 形 公平な　■rationally 副 合理的に　■underdevelopment 名 低開発　■illiteracy 名 無学

Excerpts from Mikhail Gorbachev's speech to the United Nations (beginning *Perestroika*) on December 7th, 1988

I finish my first speech at the United Nations with the same feeling with which I began it: a feeling of responsibility to my own people and to the world community. We have met at the end of a year that has been so significant for the United Nations, and on the threshold of a year from which all of us expect so much. One would like to believe that our joint efforts to put an end to the era of wars, confrontation and regional conflicts, aggression against nature, the terror of hunger and poverty, as well as political terrorism, will be comparable with our hopes. This is our common goal, and it is only by acting together that we may attain it.

ミハイル・ゴルバチョフ

　私は、初めての国連演説を、始めたのと同じ思いをもって終えます。わが国民や国際社会への責任感です。国連にとってきわめて重要であった年の終わりに、そしてわれわれ皆にとって多くのことが期待できる年が始まろうとしているときに、こうしてわれわれは集まりました。戦争、衝突、地域紛争、自然への攻撃、飢えや貧困の恐怖、そしてもちろん政治的テロの時代を終わらせるべく、われわれが力を合わせて努めれば、希望に近づくと信じたいものです。これこそわれわれの共通の目標であって、一致団結することによってだけ達成可能なのです。

WORDS & PHRASES

■threshold 名出発点　■confrontation 名衝突、対立　■aggression 名攻撃、侵害　■comparable 形匹敵する、同程度の

Mikhail Gorbachev
President of the Soviet Union from 1990 to 1991
Born March 2, 1931, in Privolnoye, Russia

Mikhail Sergeyvich Gorbachev is largely credited as the man who brought about the peaceful end of the Cold War, an international, diplomatic war that lasted roughly forty years. With the end of the Cold War, Gorbachev ushered in a new era of international cooperation and understanding, as well as dynamic economic and political change. He was the first and only president of the Soviet Union, and he was awarded the Nobel Peace Prize in 1990.

Mikhail Gorbachev was born in Stavropol, a town in Soviet Russia, to a Ukrainian-Russian family on March 2, 1931. His parents, Sergei and Maria Gorbachev, were peasants who worked on farms, trying to do the best they could for their family. Growing up, Mikhail also worked on state-owned farms and tried hard to contribute to his family. His father operated farm machinery and passed down these skills to young Mikhail. Because he was such a quick learner, when Mikhail was seventeen he became the youngest ever recipient of the Order of the Red Banner of Labor for harvesting that year's crop.

ミハイル・ゴルバチョフ

ショートバイオ

ソビエト連邦大統領
(1990–1991)

1931年3月2日、ロシアのプリヴォリノエに生まれる

　ミハイル・セルゲーエヴィチ・ゴルバチョフは、約40年続いた国際的な外交上の争いである冷戦を平和的に終結させた人物として、きわめて高い評価を得ている。冷戦が終わるとともに、ゴルバチョフは、力強い経済的・政治的変革ばかりか、国際協力・理解の新時代の幕を開けた。ソビエト連邦の最初にして最後の大統領であり、1990年にはノーベル平和賞を受賞した。

　ミハイル・ゴルバチョフは、1931年3月2日、ソビエト・ロシアのスタヴロポリという町で、ウクライナ人の母とロシア人の父のあいだに生まれた。両親、セルゲイとマリヤは、農場で働く小作人で、家族のために最善を尽くそうと努めた。成長すると、ミハイルも国営農場で働き、家族の役に立とうと励んだ。父親は農業機械を運転し、こうしたスキルを幼いミハイルに伝授した。ミハイルは実に飲み込みが早かったので、17歳になると、その年の収穫高が評価されて労働赤旗勲章の史上最年少受賞者となった。

WORDS & PHRASES

■credit 動(功績などが人にあると)認める　■diplomatic 形外交上の　■usher 動先導する、先駆けとなる　■peasant 名小作人　■recipient 名受賞者　■crop 名収穫高

Despite young Mikhail Gorbachev's successes, the political climate in the Soviet Union at the time was turbulent. During the early 1930s, Gorbachev survived a famine that killed two of his aunts and one of his uncles. Also during the 1930s, both of his grandfathers were arrested on false political charges—one was thrown in prison and tortured for fourteen months, while the other was banished to Siberia.

However, young Gorbachev was bright, determined, and eager to learn. He was one of the best students in his class and he graduated from high school with high honors. He was accepted into Moscow University, the best college in the Soviet Union, without having to take the entrance exam. He studied law, and while at university he met Raisa, his future wife. He graduated with a law degree in 1955 and returned home to Stavropol with Raisa.

Gorbachev was an official member of the Communist Party, and soon after returning to Stavropol, he was offered a job as the assistant director of propaganda for a Communist youth organization. He jumped at the opportunity and spent the next fifteen years rising through the ranks of the Communist Party. In 1963, he became Head of the Department of Party Organs in Stavropol. He proved himself a capable, effective leader in 1970, when he became the First Party Secretary of the Stavropol Kraikom, improving workers' conditions, reorganizing collective farms, and giving workers more voice.

ミハイル・ゴルバチョフ

　若きミハイル・ゴルバチョフの成功とは裏腹に、当時のソビエト連邦の政治情勢は不穏だった。1930年代初期の飢饉では、ゴルバチョフのおば2人とおじ1人が命を落としたが、彼自身は生き残った。1930年代には、祖父の両方が政治絡みの冤罪で逮捕され、ひとりは投獄され、14ヵ月間にわたり拷問を受け、もうひとりはシベリアに追放された。

　だが、若きゴルバチョフは聡明で、意志が強く、勉強熱心だった。クラスで屈指の優秀な生徒だったので、最優等賞で高校を卒業した。そして、入学試験を受けることなく、ソビエト連邦の最高学府であるモスクワ大学への入学を許可された。法律を専攻し、大学在学中に将来の妻であるライサに出会った。1955年に法律の学位を得て卒業し、ライサを連れてスタヴロポリへと帰郷した。

　ゴルバチョフは共産党の正式メンバーであり、スタヴロポリに戻るとすぐに、共産党の青年組織の宣伝部副部長という職を提供された。そこでその機会に飛びつき、それからの15年を共産党の出世街道を歩むことに捧げた。1963年、スタヴロポリで政党機関紙の部長に就任した。1970年にはスタヴロポリ地方党第一書記になると、労働者の待遇を改善し、集団農場を再建し、労働者にさらに多くの発言権を与え、自らが有能で人々に感銘を与える指導者であることを示した。

WORDS & PHRASES

■climate 名情勢、風潮　■turbulent 形不穏な、荒れた　■famine 名飢饉
■torture 動〜を拷問する　■banish 動追放する

By the year 1980, Gorbachev had become a full member of the Politburo, the highest administrative office in the Communist Party. Gorbachev excelled in this role and he frequently traveled abroad, representing his nation to world leaders such as Canadian Prime Minister Pierre Trudeau and UK Prime Minister Margaret Thatcher. His work impressed the Politburo, and five years later, Mikhail Gorbachev was elected the General Secretary of the Politburo, becoming the leader of the Soviet Union at fifty-four years old.

As General Secretary, Gorbachev's top priority was to revive the economy of the Soviet Union. He immediately announced a plan of "restructuring" (*perestroika*) and "openness" (*glasnost*), which aimed to increase industry and agriculture, improve Soviet production technologies, and streamline bureaucratic systems. To support economic reforms, Gorbachev instituted vast political changes. He replaced old-fashioned politicians with young, fresh thinkers. He created a more democratic system and established a Soviet presidency. Under *glasnost*, the Soviet people were allowed many new freedoms, such as increased freedom of the press. The Law on Cooperatives also allowed private ownership of businesses for the first time in decades. It was a time of great change for the USSR, and the world felt its impact.

ミハイル・ゴルバチョフ

　1980年までには、ゴルバチョフは共産党の最高行政機構である政治局の正局員になっていた。ゴルバチョフはこの役割において手腕を発揮し、頻繁に国外に出かけては、国の代表として、カナダ首相のピエール・トルドーや、英国首相のマーガレット・サッチャーといった世界的指導者に対して発言した。その仕事ぶりは政治局を感心させ、5年後にミハイル・ゴルバチョフは政治局の書記長に選ばれ、54歳にしてソビエト連邦の指導者となった。

　書記長としてのゴルバチョフの最優先事項は、ソビエト連邦の経済を回復させることだった。速やかに「建て直し（ペレストロイカ）」と「情報公開（グラスノスチ）」といった構想を打ち出した。産業や農業の強化、ソビエトの生産技術の向上、官僚制度の合理化を目的としたものだ。経済改革を支援するために、ゴルバチョフは大規模な政治改革を実行し、昔かたぎの政治家を、考え方の斬新な若い思想家に取って代えた。より強固な民主制度を築き、ソビエト大統領という地位を設けた。グラスノスチの下、ソビエト人たちは、報道の自由の拡大といったような、新たな自由を多く与えられた。協同組合法が制定されると、数十年ぶりにビジネスの私有も許可された。それはソ連にとって大変革の時期であり、世界中がその影響を受けた。

WORDS & PHRASES

■politburo 名（共産主義国の）政治局　■excel 動 ～に（他よりも）優れている
■restructure 動 再構築する　■streamline 動 無駄をなくし合理化する
■bureaucratic 形 官僚制度の　■press 名 報道機関、出版業

In 1990, Mikhail Gorbachev was voted the first—and the only—president of the Soviet Union. He realized that cooperation with the international community was necessary for the Soviet Union to move forward, so he made great efforts to improve Soviet relations with the United States. For several years, he had been working closely with U.S. President Ronald Reagan on ending the Cold War. In 1987, he and Reagan had signed a treaty to decrease nuclear programs, and the international community breathed a sigh of relief, realizing that the Cold War had finally ended. In light of all these strides toward a more peaceful and understanding world, Mikhail Gorbachev was awarded the Nobel Peace Prize.

Despite all of Gorbachev's hopeful reforms and ideas, various Soviet ethnic groups began to fight with each other and the Soviet Union fell in 1991. Gorbachev resigned from the presidency, handing the future of the former Soviet states to Boris Yeltsin. However, Mikhail Gorbachev remains one of the world's inspiring figures as the man who ended the Cold War, gave the Soviet Union freedom, and advocated peace and understanding among the international community.

ミハイル・ゴルバチョフ

　1990年、ミハイル・ゴルバチョフは、ソビエト連邦の最初にして最後の大統領に選出された。ゴルバチョフは、ソ連が前進するには国際社会との協力が欠かせないと悟ったので、米ソ関係を改善しようと多大な努力を払っていた。何年ものあいだ、ゴルバチョフは冷戦を終結させようと、米国大統領のロナルド・レーガンと密接に協力し合い、1987年には、ゴルバチョフとレーガンは核開発計画を縮小するための条約を結んでいたが、その際に国際社会は、冷戦がついに終わったことを知り、安堵のため息をついた。より平和で思いやりのある世界に向けたこの一連の前進を踏まえて、ミハイル・ゴルバチョフにノーベル平和賞が授与された。

　ゴルバチョフの希望に満ちた改革や構想にもかかわらず、ソビエトの諸民族は互いに戦い始め、ソビエト連邦は1991年に崩壊した。ゴルバチョフは大統領を退任し、旧ソビエト諸国の将来をボリス・エリツィンに委ねた。しかしミハイル・ゴルバチョフは、冷戦を終結させ、ソビエト連邦に自由をもたらし、国際社会における平和と理解を提唱した人として、今もなお、世界を鼓舞する人物のひとりである。

WORDS & PHRASES

■breathe a sigh of relief　ホッと安堵の息をつく　　■stride　图（進歩などの）歩み
■advocate　動〜を提唱する

英語解説 *Words and Phrases* スピーチを読み解く鍵

p.134(1) **There is no getting away from that,**
それから逃れることはできないのです

　　There is no Ving で「Vすることはできない」の意味です。ご存知の方も多いこのことわざで覚えましょう。

　　There is no accounting for tastes.
　　味の好みを説明することはできない。(たで喰う虫も好きずき)

　　似た表現に It is no use Ving「Vしてもむだだ」という表現もあります。こちらもセットで覚えましょう。

　　It is no use crying over spilt milk.
　　こぼれた牛乳を嘆いてもむだだ。(覆水盆に返らず)

p.134(2) **It is evident,** (中略) **that force and the threat of force can no longer be, and should not be, instruments of foreign policy.**
もはや武力や武力による脅しは、外交政策の手段にはなり得ないし、すべきでもないことは明らかなのです。

　　It is A that B で「BはAだ」という表現です。Aを強調しますので強調構文といいます。英語では大事なことを先に述べる傾向が強いですから、例によって……

　　It is evident / that / ～
　　明らかなのです / それは / ～

　　というように頭から英文の語順のまま理解すると何も難しくはありません。ここでのthatもダライ・ラマ法王14世の章で解説したよう

ミハイル・ゴルバチョフ

に「それ」のイメージでとらえて下さい。no longerは「もはや〜ない」の意味ですのでcan no longer beはcannot beと同様の否定形です。

　くどいようですが、武力による問題の解決は真の解決にならないことをゴルバチョフも述べていることに注目していただきたくて取り上げました。

p.136(3) **Neither are we calling on anyone else to give up theirs.**
誰かに彼らの信条を捨てるように頼んでいるわけでもないのです。

　　neitherは通常neither A nor Bで「AでもBでもない」の表現が一般的です。元々は「no（ない）＋ either（どちらも）」が単語の由来です。

　　I have neither money nor connections.
　　私には金も人脈もない。

　　さらに否定文の後に「neither + do + 主語」という形で「〜も…しない」を意味する用法があります。主語と動詞の倒置が起こる点がポイントです。

　　He doesn't like vegetables, neither do I.
　　彼は野菜が嫌いだ、私も嫌いだ。

　　ゴルバチョフの言葉がまさにこの用法です。直前の文のWe are not giving up 〜を受けてNeither are we calling 〜と、neither + 動詞 + 主語の順に並んで文が始まっています。
　　neither + do + 主語を使うことで、「私達は〜を捨て去ろうしているのではない。誰かに〜を捨て去るよう頼んでいるわけでもないのだ」というつながりが2つの文に生まれています。
　　ちなみにneitherは"ニーザー"もしくは"ナイザー"と発音します。英国では「ナイザー」米国では「ニーザー」が一般的なようですが、最近は英国でも「ニーザー」と呼ぶ人が増えているそうです。一方我々日本人はついつい「ネイザー」と読みたくなる方も多いようです。ご注意を。

> 背景解説

ソ連邦最後のリーダー
ゴルバチョフ

　大きな体制を終息させ、歴史を前に進めるために、その幕引き役を担った人は人類の歴史上数多くいます。彼らは例えばLast Emperorと呼ばれ、日本では武士の世の幕引きを行った15代将軍、徳川慶喜をLast Shogunと呼ぶ人がいます。

　ミハイル・ゴルバチョフは、ソビエト連邦（ソ連）という恐竜を押し倒し、その後のロシアへとバトンを渡した人物です。では、彼をどのような呼称で呼べばいいのでしょうか。ソ連の崩壊は、共産主義超大国の崩壊だけではなく、その広大な版図の中にある多くの国々の事実上の独立を意味しました。

　それは、統一から分裂へ、共産主義というイデオロギーによる統合から民族主義による分断へと社会が変化したことを意味しています。

　このことは、周辺の国家にも多大な影響をもたらしました。冷戦が終結したことで、多くの国々を統率していた鉄のカーテンが破壊され、そのカーテンの中にあった国のいくつかは、そのありさまが変化しました。東ドイツは消滅し、統一国家としてのドイツが復活しました。また、ユーゴスラビアが分断され、クロアチアやセルビアといった国々が自立します。

　そして、自立した国々の中に育まれた民族主義が、新たな対立を産み出し、旧ユーゴスラビアの内戦にはじまり、あちこちで民族と宗教の対立が新たな戦争、確執のエネルギーとなって世界を揺るがしました。

　ゴルバチョフは、経済的にも政治的にも構造疲労の混沌にあったソ連という国家の幕を引き、同時にソ連という、世界の磁石を破壊したのです。そのため、それまで磁石に吸い付けられていた国々が、自ら

ミハイル・ゴルバチョフ

の重力を制御できず、冷戦後の混乱を産み出したのです。

そうした意味で、ゴルバチョフの人気は二分されます。

ソ連のLast Leaderとして、冷戦を終結させた英雄として評価される一方、旧ソ連、特にロシアの中では国家を弱体化させ、新たな混乱の種をまいた政治家として酷評する人も多くいるのです。

ソ連の崩壊後、ロシアはなんとかその混乱期を脱しながら、今新たな磁石になろうと必死にもがいています。そして、ソ連に代わり中国が超大国として新たな磁場をつくろうとすることに、日本をはじめ周辺諸国が恐々としています。

しかし、ゴルバチョフが自ら斧をふるって破壊したソ連ほど強い磁場をもった磁石はもはや存在せず、多数の国家が共産主義というイデオロギーの元で一つのクラスターを形成する時代は、ソ連の崩壊と共に終焉したのです。

ゴルバチョフは、そんなソ連を生き抜いたエリート官僚として頭角をあらわし、前任の書記長チェルネンコの死去と共に、その座を引き継いだのです。彼は自らをLast Secretary General（最後の書記長）と自認し、ソ連の経済改革、社会改革を進め、その結果自らの土台ともいえるソ連そのものを失わせた政治家だったのです。

国家の運命を予測し、まるでコントロールを失った飛行機の操縦桿を必死に握りながら軟着陸を試みる機長のように、ソ連の舵をとったのです。

ソ連の崩壊を彼が本当に望んだのか、それとも正に不時着をしながらなんとかその枠組みを維持しながら国家の再生を狙ったのか。その本音のところは今もわかりません。

もし、彼がその再生を願っていたとしたら、ゴルバチョフは歴史のうねりに逆らった悲劇の政治家とも評価するのも、一つの考え方かもしれません。

Abraham Lincoln,
16th President of the United States

エイブラハム・リンカーン
アメリカ合衆国16代大統領

Full Text of Abraham Lincoln's Gettysburg Address
at Gettysburg, Pennsylvania, on June 1, 1865

Four score and seven years ago our fathers brought forth on this continent, a new nation, conceived in Liberty, and dedicated to the proposition that all men are created equal.

Now we are engaged in a great civil war, testing whether that nation, or any nation so conceived and so dedicated, can long endure. We are met on a great battle-field of that war. We have come to dedicate a portion of that field, as a final resting place for those who here gave their lives that that nation might live. It is altogether fitting and proper that we should do this.

エイブラハム・リンカーン

エイブラハム・リンカーンのゲティスバーグ演説（全文）

1865年6月1日
ペンシルバニア州ゲティスバーグにて

　87年前、われわれの父祖たちは、この大陸に新しい国家を誕生させました。それは自由の理念の下に建国され、「すべての人は生まれながらに平等である」という主張に捧げられた国家です。

　現在われわれは大きな内戦のさなかにありまして、この国家が、いえ、このように建国され、このような主張に捧げられた国家が、久しく存続できるかどうかが試されているところです。われわれはその戦争の激戦地にこうして相集っています。この国家が生き延びられるようにここで命を投げ出した人々の永眠の地として、この戦場の一部を捧げるためにやって来ました。われわれがこうするのは、実に適切かつ妥当なことです。

WORDS & PHRASES

■dedicate 動 〜を捧げる　■endure 動 持続する、耐える

Full Text of Abraham Lincoln's Gettysburg Address at Gettysburg, Pennsylvania, on June 1, 1865

But, in a larger sense, *we* cannot dedicate—we cannot consecrate—we cannot hallow—this ground. The brave men, living and dead, who struggled here, have consecrated it, far above our poor power to add or detract. The world will little note, nor long remember what we say here, but it can never forget what they did here. It is for us the living, rather, to be dedicated here to the unfinished work which they who fought here have thus far so nobly advanced. It is rather for us to be here dedicated to the great task remaining before us—that from these honored dead we take increased devotion to that cause for which they gave the last full measure of devotion—that we here highly resolve that these dead shall not have died in vain—that this nation, under God, shall have a new birth of freedom—and [1]that government of the people, by the people, for the people, shall not perish from the earth.

(1) → see page 174

エイブラハム・リンカーン

　しかし、大局的に言えば、われわれにはこの土地を捧げることも、聖別することも、神聖化することもできません。ここで戦った勇者たちが、生者も死者も、すでにこの土地を聖別してきたのであって、われわれの乏しい力では、何かを加えることも減らすことも、とうていなしえません。われわれがここで何を言おうが、世界の人々はさして気には留めず、長く覚えてもいないでしょう。しかし、かの勇者たちがここで成し遂げたことは決して忘れられることはありません。ここで戦った彼らがこれほどまで立派に推し進めてきた未完成の事業にここで身を捧げるべきは、むしろ生きているわれわれなのです。目の前に残されている重大な任務にここで身を捧げるべきは、われわれなのです。すなわちわれわれは、名誉ある戦死者たちが死力を尽くして献身したあの大義に対して、彼らの後を引き継いでさらなる献身をし、こうした戦死者の死を決して無駄にしまいとここに固く決意し、神の下でこの国に新たに自由を誕生させ、そして、人民の人民による人民のための政治がこの地上から決して消え去ることのないように尽くさなければなりません。

WORDS & PHRASES

■consecrate 動（土地を）聖別する、奉献する　■hallow 動 〜をくり抜く
■detract 動（価値などを）減らす　■devotion 名 献身的愛情　■vain 形 無駄な、無益な　■perish 動 消え去る

Excerpts from Abraham Lincoln's Second Inaugural Address
given at Washington, D.C., on March 4, 1865

One eighth of the whole population were colored slaves, not distributed generally over the Union, but localized in the Southern part of it. These slaves constituted a peculiar and powerful interest. All knew that this interest was, somehow, the cause of the war. To strengthen, perpetuate, and extend this interest was the object for which the insurgents would rend the Union, even by war; while the government claimed no right to do more than to restrict the territorial enlargement of it. Neither party expected for the war, the magnitude, or the duration, which it has already attained. Neither anticipated that the *cause* of the conflict might cease with, or even before, the conflict itself should cease.

エイブラハム・リンカーンの第2期大統領就任演説からの抜粋

1865年3月4日、ワシントンD.C.にて

　全人口の8分の1は有色の奴隷で、米国全体に分散しているわけではなく、南部に集中していました。こうした奴隷が強い特殊勢力となったのです。この勢力がとにかく戦争の原因であることを誰もが知っていました。この勢力を強化し、永続させ、拡大するために、反乱者たちは戦争を起こしてまでこの国を分裂させようとしたのです。一方で政府は、こうした奴隷勢力の準州への拡大を制限する権利を主張しただけでした。両者とも、戦争がここまで大規模になり、長期にわたるとは考えてもいませんでした。それに紛争の原因自体が、紛争そのものが終わるとともに、もしくはその前にでさえ、消えてなくなるとは予測していませんでした。もっと簡単に

WORDS & PHRASES

■distribute 動 〜を分布する　■peculiar 名 特異な　■interest 名 勢力
■insurgent 名 反乱者　■rend 動 引き裂く　■enlargement 名 拡大
■magnitude 名 (規模などの)巨大さ　■duration 名 (時間の)継続、持続　■cease 動 終わる

Excerpts from Abraham Lincoln's Second Inaugural Address given at Washington, D.C., on March 4, 1865

Each looked for an easier triumph, and a result less fundamental and astounding. Both read the same Bible, and pray to the same God; and each invokes His aid against the other. It may seem strange that any men should dare to ask a just God's assistance in wringing their bread from the sweat of other men's faces; but let us judge not that we be not judged. The prayers of both could not be answered; that of neither has been answered fully.

The Almighty has his own purposes. "Woe unto the world because of offences! for it must needs be that offences come; but woe to that man by whom the offence cometh!" If we shall suppose that American Slavery is one of those offences which, in the providence of God, must needs come, but which, having continued through His appointed time, He now wills to remove, and that He gives to both North and South this terrible war as the woe due to those by whom the offence came, shall we discern therein any departure from those

エイブラハム・リンカーン

勝利するものと考えていて、これほど重大な驚くべき結果になるとは思いもしませんでした。両者は同じ聖書を読み、同じ神に祈り、おのおのがお互いを倒そうと、神に助けを請いました。他人が額に汗して手にしたパンを横取りしようとして、義にかなった神の助けを大胆にも求める人がいるのは、奇妙に思えるかもしれません。しかし人を裁いてはなりません。それが自分も裁かれないようにするためなのです。両者の祈りがどちらも聞き入れられるはずはありませんでしたし、どちらかの祈りだけ完全に聞き入れられることもありませんでした。

神には、ご自身の意図があります。「この世は人をつまずかせるから不幸である。つまずきは避けられない。だが、つまずきをもたらす者は不幸である」(マタイ伝18章7節)。アメリカの奴隷制度が、神の摂理によって避けられないものの、神の定めた期間続いてきた今、神が廃止されるのを望まれているつまずきのひとつであるとするなら、そしてまた神が、北部と南部の両方に、つまずきをもたらした人が味わうべき不幸としてこの恐ろしい戦争を与えたのだとしたら、そこにわれわれは、生ける神を信じる者は常に自身の

WORDS & PHRASES

■astounding 形驚くべき　■invoke 動祈る　■wring 動無理やり取る　■The Almighty (全能の)神　■woe 名悲しみ、苦悩　■unto 前〜の方へ　■cometh 動《古英語》comeの3人称単数　■providence 名摂理　■discern 動(はっきりしないものを)見つける　■therein 副その中に

Excerpts from Abraham Lincoln's Second Inaugural Address given at Washington, D.C., on March 4, 1865

divine attributes which the believers in a Living God always ascribe to Him? Fondly do we hope—fervently do we pray—that this mighty scourge of war may speedily pass away. Yet, if God wills that it continue, until all the wealth piled by the bondman's two hundred and fifty years of unrequited toil shall be sunk, and until every drop of blood drawn with the lash, shall be paid by another drawn with the sword, as was said three thousand years ago, so still it must be said, "The judgments of the Lord are true and righteous altogether."

With malice toward none; with charity for all; with firmness in the right, as God gives us to see the right, let us strive on to finish the work we are in; to bind up the nation's wounds; to care for him who shall have borne the battle, and for his widow, and his orphan—to do all which may achieve and cherish a just and lasting peace, among ourselves, and with all nations.

エイブラハム・リンカーン

ものと考える神の特性から離脱している様を見ることになるのでしょうか？ われわれは心から望み、一心に祈ります。この戦争という巨大な災難がただちに過ぎ去りますようにと。けれどももし、奴隷の250年にわたる報われない苦役によって築かれたすべての富がなくなるまで、そして、むちによって流されてきた血の一滴一滴が、剣によって流される新たな血で償われるまで、この戦争が続くことを神がお望みなら、3000年前に言われたのと同じように今もなお、「主の裁きはまことでことごとく正しい」(詩篇19章9節)と申し上げなければなりません。

　誰に対しても悪意を抱くことなく、慈愛の心をもって、神がわれわれにお示しになる正義を貫き、取り掛かっている仕事を終えるべく精一杯努めようでありませんか。国家の傷を手当てし、戦いに耐えてきた男性や、その未亡人、孤児の世話をし、国内で、そして諸国とのあいだでも、公正にして永続する平和を築き、維持できるよう、全力を尽くそうではありませんか。

WORDS & PHRASES

■attribute 名特性　■ascribe to (考えを)抱く　■fondly 副愛情を込めて
■fervently 副一心に　■scourge 名災難　■bondman 名男性の奴隷
■unrequited 形報われない　■toil 名苦役　■lash 名むち　■righteous 形正しい　■malice 名悪意　■strive 動努力する　■orphan 名孤児

Abraham Lincoln
16th President of the United States
**Born February 12, 1809,
in Hodgenville, Kentucky, US
Died April 15, 1865, in Washington D.C., US**

Today, one hundred and fifty years after his death, Abraham Lincoln is still considered one of the best presidents in the history of the United States. Known for freeing the slaves in America, ending the Civil War, and strengthening the federal government, Abraham Lincoln is a hero and role model to many, including contemporary world leaders.

Lincoln's life embodies the "American dream": he was a self-educated man who came from a humble family and, through hard work, eventually rose to the presidency. He was born on February 12, 1809, in a one-room log cabin in Kentucky. He was named Abraham after his grandfather. His parents were Thomas Lincoln and Nancy Hanks Lincoln.

Although his parents were successful settlers and well respected in the community, they lost all their money in a land dispute and were forced to move from Kentucky. They resettled in Indiana, where they lived on public land until they saved enough money to buy their own property.

> エイブラハム・リンカーン

> ショートバイオ

アメリカ合衆国16代大統領

1809年2月12日、
米国ケンタッキー州ホッジェンビルに生まれる。
1865年4月15日、米国ワシントンD.C.で逝去。

　死後150年たった今日でも、エイブラハム・リンカーンは、アメリカ合衆国史上もっとも偉大な大統領のひとりだと考えられている。アメリカの奴隷を解放し、南北戦争を終わらせ、連邦政府を強化したことで知られ、エイブラハム・リンカーンは、現代の世界的指導者を始めとした多くの人にとって、英雄かつロールモデルになっている。

　リンカーンは「アメリカンドリーム」を具現化した人生を送っている。質素な家庭に生まれた独学の人で、大変な努力をして最終的に大統領まで昇り詰めた。1809年2月12日、リンカーンは、ケンタッキー州のひと部屋しかない丸太小屋に生まれた。祖父にちなんでエイブラハムと名づけられ、両親の名は、トーマス・リンカーンとナンシー・ハンクス・リンカーンといった。

　両親は成功した入植者で、地域社会では大変尊敬されていたが、土地争いで全財産を失い、ケンタッキー州から出ていかざるをえなくなった。そこで今度はインディアナ州に定住し、自分の土地を買える金が貯まるまでは公有地で暮らした。

WORDS & PHRASES

■embody 動 〜を具現化する　■after 副 〜にちなんで　■resettle 動 再び定住する

For the Lincoln children—Sarah, Abraham, and Thomas—life was full of hard work. In the early 1800s, the United States was still being settled, and many families living on the frontier, including the Lincolns, had to build their own shelters and hunt and farm their own food. It was a hard life and many were not strong enough to survive. When Lincoln was nine years old, his mother passed away from illness. His father remarried Sarah Bush Johnson, a widow with three of her own children. She was an affectionate woman who the Lincoln children quickly learned to love. Meanwhile, the Lincoln family moved again in 1830 to Illinois.

Although young Abraham Lincoln did all his chores, worked hard, and contributed all his money to the family, he did not like frontier life. He loved books and wanted an education. Sarah, his stepmother, encouraged him to read, and he would walk for miles just to borrow a book. In the wilderness of the Indiana frontier, schools were rare. Teachers came and went, looking for better employment. Although Lincoln was able to attend some classes, it is estimated that he only had eighteen months of formal education—the rest, including his law studies, were self-taught.

At twenty-two years old, Lincoln went off on his own. He traveled to New Orleans then back to Illinois again. He eventually settled in New Salem, Illinois, where he worked as a shopkeeper, a postmaster, and finally, a general store owner. He was

エイブラハム・リンカーン

　リンカーン家の子供たち、サラ、エイブラハム、トーマスにとって、人生は苦労に満ちていた。1800年代前半には、アメリカ合衆国はまだ入植されつつあり、リンカーン家を始めとした、開拓地に住んでいる多くの家庭が自らの住みかを建て、狩りをするか、土地を耕すなどして自力で食料を調達しなければならなかった。それは過酷な生活で、生き残れるほど丈夫でない人も多かった。リンカーンが9歳のころ、母親は病死した。父親は、3人の子供のいる未亡人、サラ・ブッシュ・ジョンストンと再婚した。彼女は愛情豊かな女性で、リンカーン家の子供たちからすぐに愛されるようになった。一方、リンカーン家は1830年にイリノイ州に移り住んだ。

　幼いエイブラハム・リンカーンは自分に割り当てられた雑用を一切こなし、懸命に働き、稼いだ金はすべて家族に渡したが、開拓者の生活は好きになれなかった。大の本好きで教育を望んだのだ。継母のサラから読書を勧められ、リンカーンは本1冊を借りるためだけに数マイル歩くこともあった。インディアナ州の辺境の荒野には、学校は数少なかった。教師はよりよい職を求めて、現れては消えた。リンカーンは授業に少し出席することはできたものの、正式な教育を18ヵ月しか受けなかったようだ。法律の勉強を含む残りの教育は独学だった。

　22歳になると、リンカーンは独り立ちした。ニューオーリンズへ旅をし、再びイリノイ州に戻ってきた。やがてイリノイ州のニューセイラムに落ち着き、小売商人、郵便局長、やがては雑貨店の店主として働いた。身長は6フィート4インチで、斧の扱いに長けてい

WORDS & PHRASES

■shelter 名（必要最低限の）住みか　■affectionate 形 愛情豊かな　■chore 名 雑用　■go off on one's own 独り立ちする　■general store 雑貨屋

six-foot-four-inches tall, skilled with an axe, and a great storyteller. People loved him and he became a popular community figure.

In 1834, Lincoln was elected to the Illinois General Assembly, where he supported government infrastructure projects. Because he was interested in politics and civic work, he decided to become a lawyer. He picked up a copy of *Commentaries on the Laws of England* by William Blackstone and promptly began to teach himself law.

Lincoln passed the bar exam and officially became a lawyer in 1837. He moved to Springfield, Illinois, where he started a law firm with a partner. Lincoln had a successful career in law, becoming the attorney for the Illinois Central Railroad. In 1842, he married Mary Todd, a young woman from a wealthy Kentucky family. They had four children, of whom only one survived to marry and have children of his own.

Lincoln still had an interest in politics and was voted into the U.S. House of Representatives from 1847 to 1849. Although his term as a congressman was not particularly memorable, he returned to politics again in the 1850s to oppose a pro-slavery law. He ran for a seat as U.S. senator against Stephen Douglas. The race for the senate seat was intense, with Lincoln and Douglas holding public debates all over Illinois. These debates would later become some of the most famous in American history for their focus on the issue of slavery.

エイブラハム・リンカーン

て、実に話し上手だった。人々から愛され、地元の人気者となった。

1834年、リンカーンはイリノイ州議会議員に選出され、政府のインフラ計画を支援した。政治や公的な仕事に関心があったので、弁護士になろうと決意し、ウィリアム・ブラックストンの著書、『イギリス法釈義』を1冊手に取ると、ただちに独学で法律を学び始めた。

リンカーンは司法試験に合格し、1837年に正式に弁護士になった。イリノイ州のスプリングフィールドに移り住み、その地で、ある共同経営者と一緒に法律事務所を始めた。そして弁護士として成功を収め、イリノイ・セントラル鉄道の顧問弁護士となった。1842年には、ケンタッキー州の裕福な家に生まれた若い娘、メアリー・トッドと結婚した。夫婦は4人の子をもうけたが、結婚して子どもを持つまで生き延びたのはたったひとりだった。

リンカーンは依然として政治に関心があり、1847年から1849年まで米下院議員を務めた。下院議員としての任期は特筆すべきものではなかったが、1850年代に政界に復帰し、奴隷制を支持する法律に反対した。その後、スティーブン・ダグラスの対立候補として米上院議員に出馬した。上院議員の議席争いは熾烈で、リンカーンとダグラスはイリノイ州を回って公開討論会を開いた。こうした討論会は、後に奴隷問題に集中したために、アメリカ史上もっとも有名なものになるのだった。リンカーンは、建国の父たちが「すべ

WORDS & PHRASES

■General Assembly 州議会　■promptly 副 ただちに　■bar exam 司法試験
■attorney 名 弁護士　■House of Representatives 下院　■pro-slavery 形 奴隷制支持の　■intense 形 熾烈な

Lincoln was against slavery, believing that the Founding Fathers had built this nation on the premise that all men were created equal, while Douglas supported the state's right to choose the legality of slavery. Although Douglas won the seat, Lincoln gained national fame as an intelligent speaker with admirable leadership qualities. The Republican Party nominated him as their candidate for president of the United States.

On November 6, 1860, Abraham Lincoln was elected the sixteenth president of the United States. However, because of Lincoln's anti-slavery position, the southern states—whose economy relied heavily on slavery—threatened to leave the United States and become their own republic, the Confederate States of America. By February of 1861, seven states (South Carolina, Florida, Georgia, Mississippi, Alabama, Louisiana, and Texas) adopted a new constitution and declared themselves a new nation. Lincoln did not accept this declaration, saying that leaving the Union was illegal. Lincoln tried to compromise with the southern states, but no agreement could be reached. On April 12, 1861, the first shots of the Civil War were fired. The South was willing to wage war to leave the Union.

Lincoln responded to the war with all the power he could summon as president of the nation. Although he faced difficulties with every decision—even facing disapproval from his own Cabinet—Lincoln was able to end the war, free the slaves, and preserve the Union. In

エイブラハム・リンカーン

の人は生まれながらに平等である」という前提に基づいてこの国を築いたと信じ、奴隷制度に反対した。一方ダグラスは、奴隷が合法であることを選択する州の権利を支持した。ダグラスが当選したものの、リンカーンは見事な指導力のある知的な話し手として全国的な名声を博した。共和党はアメリカ合衆国大統領候補としてリンカーンを指名した。

　1860年11月6日、エイブラハム・リンカーンは第16代アメリカ合衆国大統領に選ばれた。だがリンカーンが奴隷制反対という立場を取っていたために、経済面で奴隷制に大きく依存していた南部の州は、合衆国から脱退し、独自の共和国である南部連合国を結成すると脅しをかけた。1861年2月までに7つの州(サウスカロライナ、フロリダ、ジョージア、ミシシッピ、アラバマ、ルイジアナ、テキサス)が新憲法を採択し、自らを新しい国だと宣言した。リンカーンは、合衆国から抜けるのは違法だと言って、この宣言を受け入れなかった。南部の州と和解しようとしたが、交渉は物別れに終わり、1861年4月12日、南北戦争の口火が切られた。南部は合衆国を脱退するためには進んで戦うつもりだった。

　リンカーンは国家の大統領としてかき集められる全権力をもってその戦争に応じた。決断を下すたびに難儀し、自身の内閣からの非難に遭うことさえあったが、戦争を終結し、奴隷を解放し、合衆国を存続させることができた。1863年、リンカーンは奴隷解放宣

WORDS & PHRASES

■Founding Father 建国の父　■premise 名前提　■confederate 名連合国
■compromise 動和解する　■wage 動(戦争などを)行う　■summon 動召集する　■disapproval 名非難、不賛成

1863, Lincoln enacted the Emancipation Proclamation, which declared that all slaves "henceforward shall be free." Later that year, Lincoln made his famous speech, the Gettysburg Address, at a battleground in Pennsylvania. In the speech, he told the American people that the nation was founded on the idea that all men are created equal, and that the Civil War was about defending this idea. He honored the soldiers who had given their lives in defense of the nation and its most important principles.

Lincoln was reelected as president in 1864, and the bloodiest war in American history finally came to an end in 1865. Lincoln's command of the Union army had brought the Southern Confederacy to its knees, but it was now time to heal the country and reconstruct the south. Lincoln had much work ahead of him, but he never finished his second term as president. On April 14, 1865, John Wilkes Booth, an actor and Confederate spy, shot and killed Abraham Lincoln at Ford's Theater in Washington, D.C., as the president watched a play.

The death of President Lincoln shocked the nation. The body of the former president lay in state for viewing, then was put on a train for a funeral procession to Springfield, Illinois, Lincoln's final resting place. As the train, decorated in black, passed through each city, hundreds of thousands of people came to pay their respects to the president who had steered the nation out of both slavery and the Civil War.

エイブラハム・リンカーン

言を発布し、すべての奴隷は「今後は自由である」と宣言した。同年遅くには、ペンシルバニアの戦場であの有名なゲティスバーグ演説をした。その演説の中でリンカーンは、この国は「すべての人は生まれながらに平等である」という理念の下に築かれ、南北戦争の意義はこの理念を守ることにあったとアメリカ国民に伝えた。また、国家とそのもっとも重要な信念を守るために命を投げ出した戦士たちの栄誉を称えた。

リンカーンは1864年に大統領に再選され、1865年、アメリカ史上もっとも凄惨な戦いはついに終結した。リンカーンが北軍を指揮したために、南部連合国は降伏するに至ったが、今や、国を修復し、南部を再建するときだった。リンカーンは山積みの問題を抱えていたが、大統領としての第2期を最後まで務めることはできなかった。1865年4月14日、俳優であり南部連合のスパイである、ジョン・ウィルクス・ブースが、ワシントンD.C.のフォード劇場で観劇中のエイブラハム・リンカーンを銃で暗殺したのだ。

リンカーン大統領の死は国中に衝撃を与えた。前大統領の遺体は、公開するために正装して安置され、リンカーンの永眠の地となる、イリノイ州スプリングフィールドへの葬列のために臨時列車が仕立てられた。黒で飾られた列車が各都市を通り抜けたので、何十万もの人が、奴隷制度と南北戦争から国を救い出した大統領に敬意を表しようと集まってきた。

WORDS & PHRASES

■enact 動（法律などを）制定する　■henceforward 副これ以降、ただ今より
■procession 名行進　■steer 動〜を導く

英語解説 *Words and Phrases* スピーチを読み解く鍵

p.156(1) **that government of the people, by the people, for the people, shall no perish from the earth.**
人民の、人民による、人民のための政治をこの地上から絶やさないことこそ……

あまりに有名なので解説は不要でしょうが、敢えて取り上げました。"government of the people, by the people, for the people"は知っていてもその前後をご存知の方は少ないのではないでしょうか。

これは数行前の "It is rather for us to be here dedicated to the great task remaining before us"(私達の前には大いなる責務が残されています)を受けて、リンカーンが4つ述べている責務のうちのひとつです。

死傷者・行方不明者が両軍合わせて約5万人にのぼったゲティスバーグの激戦から約4ヵ月後、同地に作られた戦没者墓地の慰霊式(除幕式)でリンカーンが述べた演説です。短い演説にも関わらずアメリカ合衆国そのものを表現したかのような言葉であることは皆さんもよくご存知のことでしょう。

戦没者を弔う場であるが故に、亡くなった方の死をムダにせずよりよい国づくりを目指そう、そのために残された我々が一層努力しよう、という趣旨になっていることが全文を読めばよくわかります。

そして、実はこのgovernment of the people「人民の政治」の解釈の仕方が未だ定まっていません。時代背景も考慮にいれる必要がありますし、様々な解釈があり得ます。リンカーン本人やその場にいた人にしかこの言葉に込められた意味を正しく述べることはできないかもしれません。しかし批判・異論をいただくことを承知で、敢えてof the peopleの解釈に挑んでみましょう。

byは動作主を表す前置詞です。by the peopleは「人民による政治」つまり人民によって執り行われる政治、と理解できます。

forは利益を表す前置詞です。for the peopleは「人民のための政

エイブラハム・リンカーン

治」つまり人民の利益になるよう行われる政治、と理解できます。

　ではof the peopleはどうでしょう？　ofは所有・所属を表す前置詞ですから「人民の」と聞けば、例えば「私の家」といった所有の意味が我々日本人の頭には浮かぶことでしょう。しかし所有の意味で「人民の政治」を解釈すると「人民による政治」のbyと意味がかぶってしまいます。「人民の」が何を指すのか迷ってしまう点がここにあります。正しく理解するにはもっとofの根源的な意味を調べる必要があります。

　ofの語源は「〜から離れて（分離）」です。そして「〜から（起源・原因）」→「〜の（所有）」と意味・用法が変遷してきました。変遷したとは言っても、そのニュアンスまで失ったわけではありません。「何かの一部」というイメージです。

> a member of the club
> クラブの一員（クラブ構成員の"一部"）
>
> the handle of the pot
> ポットの取っ手（ポットの"一部分"）
>
> This desk is made of wood.
> この机は木製です。（木の"一部"が机になった）

　このようにofは「〜に起源がある、〜から出現している」という意味をもつ言葉なのです。これをgovernment of the peopleにあてはめて解釈すると「人民にその権限が由来する政治」という意味になります。つまり「主権在民」の意味です。
　一方、たとえば王制では、政治を行う権力つまり主権が王その人に由来します（もしくは神の代理人としての王）。「王が、自分が当然持っている権利で政治を行って民衆を統治する」のが王制です。

　このように政治を行う権利を誰に由来するのか、という視点でこの名言を読むと

government of the people, by the people, for the people,
人民自身にその権限が由来し、人民によって執り行われ、人民のために行われる政治

と解釈することができます。リンカーンは「政治を行う権限は自分たち自身が持っているのだ」という一番大切なことだから、of the peopleを一番最初に述べたのかもしれません。

　私はofの根源的意味からこのof the peopleに迫ってみました。皆さんもご自分なりの解釈を楽しんでみてはいかがでしょうか？

リンカーン記念館内のリンカーン像。アメリカ合衆国を今も見守り続けている。

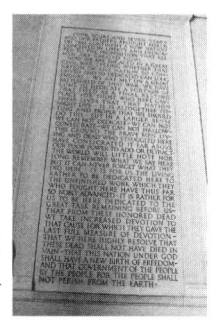

リンカーン像に向かって左側の壁にはゲティスバーグ演説が刻まれている。

もちろん最後はこの言葉がしっかりと刻まれている。

（写真撮影　出水田）

エイブラハム・リンカーン

> 背景解説

100の矛盾と戦った悲劇の英雄 リンカーン

エイブラハム・リンカーンが生きた時代。

それは、アメリカの成長期にあたる時代です。アメリカは移民と共に成長しました。1840年代には、以前イギリスやオランダなどから渡ってきた人々に加えて、アイルランドや東欧など、さまざまな地域から人々が新大陸での夢を追いかけて海を渡ってきたのです。

リンカーンの時代といえば南北戦争で国が二つに割れた時代。そして南北戦争とは、奴隷解放を押し進めようとした人々と、それに反対する南部の人々との争いであると思われがちです。

しかし、実際の背景はそれよりはるかに複雑だったのでした。

実はこの時代、アメリカは富める者、貧しい者、海を渡ってきたばかりの者、そして古くから入植をして地盤を固めてきた者など、さまざまな立場の異なる人々の確執が噴出し、社会全体が移民によってたくましく成長するための脱皮の痛みに震えていたのです。

リンカーンは、そうした複雑な社会の絵模様を自ら包含しながら、強いリーダーシップをもって南北戦争に挑戦したぐいまれな政治家なのです。

南北戦争は、経済戦争でもあります。

南部の綿花などに代表するプランテーションとよばれる大農経営に投資をしていた人々の多くは、北部の富豪たちでした。1825年に、東海岸と五大湖とを水路で結ぶ、エリー運河が開通すると、内陸の農産物などがニューヨークなどの港湾都市を経由してどんどんヨーロッパへと輸出されます。さらに、東海岸一帯はそうした産物の加工などをはじめとした産業が育成され、富が集まりました。それに対して南部は伝統的なプランテーション経営によって綿花などを栽培し、

> **背景解説**

昔ながらの農業収入に頼っていたのです。実は、奴隷は彼らにとって、そうした経営を成り立たせる上で、実に安価な労働力だったわけです。

この経済的な格差が、南北戦争の背景にあったことになります。

さらに、北部も一枚岩ではありませんでした。

新参者の移民の多くは、東海岸の工業活動を支える労働力であり、それ以前にアメリカにやってきて成功した金融資本を支える庶民でした。

彼らの中にはアイルランド系移民のように、カトリック系の貧しい移民も多く、従来のプロテスタント系の移民からの差別にも見舞われます。

南北戦争中に、そうした確執が暴動へ発展し、ニューヨークのダウンタウンが火の海になったこともありました。

リンカーンの掲げた理想は、そうした現実との戦いであり、全ての人の思惑に合致したものではなかったのです。従って、南北戦争の前と後の彼の顔写真を比較すると、いかに心身の全てを費やしていたかがわかるほどに、そのやつれ方は顕著でした。

何かを成しとげるには、100の矛盾と戦わなければなりません。リンカーンは文字通り、その矛盾の中に身を投じ、ついに凶弾に倒れた悲劇の英雄だったのです。

> 世界を動かしているのは女性だ!

英語で聞く
世界を変えた女性のことば

ニーナ・ウェグナー=著　北村みちよ=訳
山久瀬洋二=背景解説　出水田隆文=英語解説

タリバンに襲撃されても、女性が教育を受けることの大切さを訴えつづけるパキスタンの活動家、マララ・ユスフザイほか、ミャンマーにおける非暴力民主化運動の指導者、アウンサンスーチー、貧しい人々に対する献身的な働きでノーベル平和賞を受賞した、マザー・テレサ、国連難民救済機関のトップで指揮を執りつづけた、緒方貞子、女性初のアメリカ大統領候補、ヒラリー・クリントン、「鉄の女」の異名を持つイギリス初の女性首相、マーガレット・サッチャーの、熱いスピーチを収録。本書の姉妹編。

978-4-7946-0265-7
本体価格 1800 円
四六判変型 174 頁
CD 2 枚付き

> アメリカ人の価値観がわかる!

I Have a Dream!
生声で聴け!
世界を変えたキング牧師のスピーチ

山久瀬洋二=解説

アメリカ人なら誰もが知っている「I Have a Dream」スピーチの全文を、キング牧師の肉声で収録。
20世紀最高のものであるとの呼び声高い演説を、ページ対訳で意味を確認しながら聴いてみましょう。山久瀬洋二による詳細な解説つきで、当時の時代背景、そして現代への歴史の流れ、アメリカ人の歴史観や考え方もよくわかります。
「アメリカ独立宣言」の全文対訳付き。ワードリスト付き。

978-4-7946-0244-2
本体価格 1800 円
四六判変型 142 頁
CD 1 枚付き

IBCパブリッシングの本 ● スピーチ

座右の銘にできる名言がいっぱい！

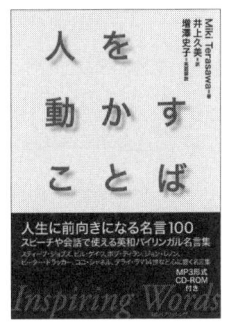

人を動かすことば

Miki Terasawa＝著　井上久美＝訳
増澤史子＝英語解説

スティーブ・ジョブズ、ビル・ゲイツ、ボブ・ディラン、ジョン・レノン、ピーター・ドラッカー、ココ・シャネル、ダライ・ラマ14世らの心に響く名言集。

ポジティブに生きる人たちの発言には感動させられたり、勇気や元気をもらうこともあります。本書は、そんな人たちの100の名言と日本語訳、名言を読み解くヒントになる背景解説、英語解説で構成されています。

名言を繰り返し読むことによって、スピーチや会話で使える便利な表現も身に付きます。

978-4-7946-0175-9
本体価格 1800 円
四六判変型 240 頁
MP3 形式 CD-ROM 付き

聞いて、まねして、自分のことばにしよう!!

1日10分英語回路育成計画
超音読レッスン　世界の名スピーチ編

鹿野晴夫＝著　川島隆太＝監修

速読力、速聴力を強化することで脳を活性化して、英語の処理スピードを格段に向上させる「英語回路」育成計画シリーズ。

世界の名スピーチをテーマに、[fast][slow]の2種類のスピードで音読レッスンします。

スピーチは人々を「説得する」ためや「自分の想いを伝える」ために強い意志を持って行うもの。だからこそ、ビジネスでの交渉やプレゼンテーションにも使えるフレーズが満載です。英文を置き換えて、表現をつくってみましょう。

978-4-7946-0236-7
本体価格 1800 円
四六判変型 164 頁
CD 1 枚付き

価格は税別です。お求めは、お近くの書店様へご注文ください

世界を変えた男たちのスピーチ

2014年5月6日　第1刷発行

著　者　ニーナ・ウェグナー

解　説　山久瀬洋二

発行者　浦　　晋　亮

発行所　IBCパブリッシング株式会社
　　　　〒162-0804 東京都新宿区中里町29番3号 菱秀神楽坂ビル9F
　　　　Tel. 03-3513-4511　Fax. 03-3513-4512
　　　　www.ibcpub.co.jp

印刷所　株式会社シナノパブリッシングプレス

© IBC Publishing, Inc. 2014

Printed in Japan

落丁本・乱丁本は、小社宛にお送りください。送料小社負担にてお取り替えいたします。
本書の無断複写（コピー）は著作権法上での例外を除き禁じられています。

ISBN978-4-7946-0278-7